知识生产的原创基地

BASE FOR ORIGINAL CREATIVE CONTENT

颉腾商业

JIE TENG BUSINESS

领导者培养指南

[美] 约翰·麦克斯韦尔◎著
(John C. Maxwell)

曹雨欣 尹雪雪◎译

THE ULTIMATE GUIDE TO
DEVELOPING LEADERS

中国工商出版社

责任编辑：张欣然
封面设计：王建敏

图书在版编目（CIP）数据

领导者培养指南 / (美) 约翰·麦克斯韦尔著 ; 曹雨欣, 尹雪雪译. — 北京 : 中国工商出版社, 2025. 1.
ISBN 978-7-5209-0330-1

Ⅰ. F272.91-62

中国国家版本馆CIP数据核字第2024FN1920号

书名 / 领导者培养指南
著者 / [美]约翰·麦克斯韦尔
译者 / 曹雨欣　尹雪雪

出版 . 发行 / 中国工商出版社
经销 / 新华书店
印刷 / 涿州市京南印刷厂
开本 / 880毫米 × 1230毫米　1/32　**印张** / 7.25　**字数** / 136千字
版本 / 2025年1月第1版　2025年1月第1次印刷

社址 / 北京市丰台区丰台东路58号人才大厦7层（100071）
电话 /（010）63730074，63783283　**电子邮箱** / fx63730074@163.com
出版声明 / 版权所有，侵权必究

书号：ISBN 978-7-5209-0330-1
定价：69.00元

三位巨人的呼唤

在北大的20多年管理研究和领导力教学实践中，有三位巨人对我影响很大。首先是德鲁克，他让我认识到管理学的社会和人文属性，企业的本质是人，领导力皆在发挥员工的潜力和能力，实现更高的工作效率。其次是稻盛和夫，他的思想基石是“敬天爱人”。“敬天”就是遵循自然规律和宇宙法则，“爱人”是对他人的无私关爱和尊重。因此企业领导不仅要追求利润，更要关心员工、客户和社会。最后是麦克斯韦尔，他的核心观点是“领导力就是影响力”，领导者通过自身影响力引领追随者实现最终使命。影响力源于诚信、交流、沟通和身体力行。

《领导者培养指南》是全球领导力大师约翰·麦克斯韦尔博士的力作，2023年以英文版问世。这本书与2022年我和同事王进杰老师翻译的麦克斯韦尔先生的经典著作《领导力的5个层级》侧重有所不同。《领导力的5个层级》一书分析了个人领导力的成长路径，聚焦领导力的5个层级，强调一个领导者要从职位领导者上升到育人领导者，最终达到事业领导力顶峰。而《领导者培养指南》一书聚焦发展、培育、赋能未来领导者，系统地提出了如何设计并实施组织领导力发展和培养规划，为组织领导者的成长和发展提供了理论框架和实用方略。

麦克斯韦尔的《领导者培养指南》提出了以下核心观点：

- 成功的领导者不仅要完成好自己的工作，还要成为开发他人领导能力的人。
- 能够识别具有领导潜力的员工是卓越领导力的关键指标之一。
- 企业要建立有效的招聘和培训体系，确保新领导者尽快提升自身领导力。
- 领导者要授权给新人，给予他们足够的自主权，在实践中提升自身领导力。
- 建立领导力倍增系统，让新生优秀的领导者有机会培养他们自己的领导团队。

麦克斯韦尔认为团队领导力的建立并非易事，会受到方方面面的干扰。主要因素有：

1. **沟通不畅：**领导者和团队成员之间缺乏有效沟通，导致误解和决策错误。
2. **信任缺失：**团队成员之间缺乏互信，难以有效合作，组织创新精神受到抑制。
3. **目标模糊：**目标不清晰导致团队成员失去方向，团队士气受到削弱。
4. **缺乏授权：**过度集权的领导风格阻碍个人成长空间和团队整体创造力。
5. **文化畸形：**过度竞争、缺乏包容、打击报复必然抑制团队领导力发展。

6. **短视行为：** 领导者缺乏长期思维，急功近利，影响到组织创新文化氛围。

领导力，实质上就是人学，是研究人性的学科。麦克斯韦尔在书中对影响团队领导力发展背后的人文因素的分析可谓入木三分。他明确指出，成为一名优秀的领导者，首先要做一个好人。若要培养其他领导者，那么领导者自身必须拥有自我认知、真挚诚信、自我驱动、愿意赋权、坦诚沟通、注意倾听、同理心、持续学习的心态和品格。这些素质和品格是领导者的文脉，是其为人的体现。如果领导者缺少这些优秀的品质，那么成功培养新的领导者将变得极为困难，这在某种程度上是一个悖论。因此，发展优秀领导者的素质和品格不仅仅是提升领导者个人领导力的基础，更是成功培养新一代领导者的关键。

《领导者培养指南》是一本全面、深入、实用的领导力培养手册，更为中国领导者的成熟和成长提供了理论基础和实践策略。我相信，无论是新晋领导者还是经验丰富的领导者，都能从本书中获得宝贵的启示和深刻的洞见。我将这本书推荐给所有致力于提升自己和培养他人的领导者，特别是那些在当前中国社会经济背景下寻求领导力发展的精英。

杨壮

北京大学国家发展研究院管理学教授、

BiMBA 商学院前联席院长

致谢 | ACKNOWLEDGEMENTS

感谢为撰写和出版本书给予帮助的查理·韦策尔及其团队成员，也感谢我团队中的支持者。你们都对我助益良多，使我也能够惠及他人。我们一起携手，共创非凡。

目录 | CONTENTS

第 1 章

培养领导者是组织发展的核心

在我主持领导力会议时，经常有人问我如何解决问题、克服挑战。大多数情况下，大家想了解的是组织如何迭代和壮大。我的回答很简单：培养领导者。如果你能培养一个领导者，就能壮大一个组织；如果你无法培养领导者，也就无法壮大组织。只有内部培养的领导者成长起来，组织才能发展壮大。

某些公司经常会让我惊掉下巴，因为它们将大量的资金和精力花在毫无意义的活动上，比如在市场营销上豪掷千金，却不去培训员工、服务顾客。这些公司口头上说着客户至上，但心思全放在了空洞的承诺而非服务顾客上。华丽的广告和朗朗上口的口号也无法弥补无能的领导者带来的损失。

例如，公司进行重组时希望通过人员洗牌实现业绩增长，但这其实徒劳无功，因为就算是换掉泰坦尼克号的船员，这艘大船依旧会沉没，又或者，公司改写使命宣言、重新命名部门、削减开支，以上种种都无法达到培养领导者所产生的同等效能。领导者的实力直接体现为企业的力量：弱小的领导者意味着羸弱的企业，伟大的领导者造就伟大的企业——领导力才是决定因素。

如果你领导一个团队或组织，无论是发展壮大公司、提高销售额、开发新产品、建立新办公点、发起新倡议、组建新团队，还是进入新行业，成功的关键都在于领导者的数量及其领导能力。

培养领导者可以获得丰厚回报

对任何一个团队来说，无论是小生意、大集团、非营利组织还是政府机构，完成近期目标和远期构想的关键都在于领导力，而提高团队或组织领导力的最好方法就是培养领导者。与优秀的领导者共事，益处良多，这里列举七条。

1. 优秀的领导者能够让公司在竞争中胜出

一个公司的领导者越优秀，它就越成功。DDI（Development Dimensions International）人力咨询公司的最新研究表明：

如果某公司拥有高水平的领导者，那么公司在一些关键指标上获胜的概率是其竞争对手的13倍之多，比如财务业绩、产品和服务质量、员工敬业度、客户满意度等。具体来说，如果一个公司现任领导者的领导力水平被定义为差，那么相对于竞争对手来说，该公司只有6%的获胜概率；如果其领导力水平被定义为优，那么获胜概率则为78%。

你难道不想自己的公司或者团队的胜率是竞争对手的13倍吗？拥有高品质领导者的必经之路就是培养领导者。

2. 优秀的领导者能够让资源倍增

在追求成功的道路上，人们往往撞墙之后才意识到，他们的愿景受到了有限资源的制约。理想很丰满，但在资源匮乏的现实面前，他们常常感到束手无策。那么，如何破解这一困境呢？答案在于培养优秀的领导者。优秀的领导者拥有独特的能力，能够有效地扩大和利用资源。让我们来看看他们在以下几个方面是如何发挥作用的。

- **时间：** 与优秀的领导者组团协作，你将能获得更多的时间，因为你所托付的任务他们都能够出色地完成。
- **思维：** 随着培养的进阶，团队的领导者会越来越睿智，他们的价值也越来越大。当一个团队里都是优秀的思想者时，优秀的点子就会蜕变为伟大的构想。
- **成果：** 优秀的领导者结成一队，通力合作，就宛如你自己同时应对方方面面。不用事必躬亲，也能遍地开花。其他人也能负起全责，引领和发展团队。

- **人才：** 随着领导者的日趋成熟，他们会吸引其他志同道合的人。你组建的团队越强大，别人就越想成为其中的一员。你的领导者可以为你招募人才，并能让组织进一步发展壮大。
- **忠诚：** 在培养个人的过程中，他们的人生也随之升华。因此，他们通常都非常忠诚。而且作为额外红利，他们通常会对你有非常高的个人忠诚度，这会让你的人生更上一层楼。

与我共事的领导者将公司带到了我个人力量不能企及的高度。我个人所能做的有限，而他们的能力确实无可限量。

3. 优秀的领导者可以帮你共担责任

领导力是一个复杂而深奥的话题。大多数领导者都承受着巨大的压力，常常觉得时间不够用。如果你独自承担领导职责，那么所有的责任和压力都需要你一个人来应对。但是如果与其他领导者合作，那你们就可以共同分担这些压力和挑战，你只需要放权给他们即可。如果你的团队、部门或公司在没有你的时候无法正常运作，这可能是因为你没有培养出能够协助你的领导者，也可能是因为你不愿意放权。

4. 优秀的领导者能够助力你创造动势

《领导力 21 法则》(*The 21 Irrefutable Laws of Leadership*)中的“动势法则”提到：动势（Momentum）是领导者最好的朋友。为什么？因为动势可以让大问题变为小问题，可以让平庸之人变得卓越，可以让事情朝着积极的方向转变。我非常喜欢演说家兼咨询师迈克尔·麦昆（Michael McQueen）关于动势的观点：

> 当你拥有动势时，你已经创造了一个不公平的优势：你不需要费力去招募员工或吸引顾客，他们会自然而然地被你吸引，因为你拥有一种使命感，他们也渴望成为其中的一部分。
>
> 就像在个人生活中，爱能够战胜一切邪恶一样，在职业生涯中，动势也能够克服所有的不利因素。
>
> 有了动势的加持，你在工作中会显得更加才华横溢、聪明睿智；借助动势的杠杆作用，你将获得远超过你应得的回报。然而，当动势对你不利时，你可能会发现自己陷入困境，显得能力不足——尽管这并不符合实际情况。

如何才能最好地创造动势？那就是发掘优秀领导力的积极因素。领导者的意义就是向前进，他们最喜欢的就是进步。试图单枪匹马地创造动势就好像试图独自推动一辆汽车一样，你能做到吗？在平面上也许可以，但是，如果有十余个同样力量的人帮助你，不是更容易吗？你们一群人不仅能够推动这辆车，说不定还能推得飞快。如果有必要的话，甚至可以将车推上坡——尤其是当你们发展出了起跑的动势时。一群优秀的领导者能够给你的组织赋予同等的优势。

5. 优秀的领导者可以扩展你的影响力

多年前，当我第一次收到团体演讲的邀请时，我做出了一个决定。如果让我选的话，我总是会选择与领导者交谈。为什么？因为我知道，当我和一群追随者交谈时，我可以帮到他们。但当我与一群领导者交谈时，我不仅可以帮助这些领导者，还可以帮助他们所领导的所有人。这就是为什么我宁愿教 100 个领导者，也不愿意教 1000 个追随者。当我影响领导者时，我其实是在影响领导者影响的所有人。

大约 10 年前，有几个国家的总统联系到我，询问我的公司能否去他们的国家进行价值观的培训。我很高兴地访问了危地马拉、巴拉圭、哥斯达黎加、多米尼加共和国、巴布亚新几内亚、巴拿马和巴西，与各国元首交谈。通过与一国元首交谈，我找到了影响他们所影响的数百万人的机会。

当你培养出好的领导者，并与他们合作时，他们的影响力就与你的影响力叠加了。对于你所影响的每一位领导者来说，你的影响力会辐射到他们影响的所有人。领导者的才能和影响力越大，其辐射范围就能延伸得越广。

6. 优秀的领导者可以让你保持警觉

没有什么比领导一群成长中的领导者更能让一个培养者保持警觉了。当你领导的团队在成长时，你也必须不断成长，才能继续带领好他们。我的朋友戴夫·安德森（Dave Anderson）在他的书《你的商业蒸蒸日上：调整、创立或增强你的组织的七个步骤》（*Up Your Business! 7 Steps to Fix, Build, or Stretch Your Organization*）中写道：

> 之所以很少有伟大的领导者，首要原因就是他们变得优秀之后就停滞不前了，他们停止了成长、学习、冒险和改变，依靠以往的成绩和先前的成功坐享其成。在新闻头条中关于自己功成名就的报道的刺激下，这些成功组织中的领导者着手书写成功史、制定指南、记录经验。这种心态将他们的业务从增长态势转变为维护态势，从锐意创新转变为故步自封。

将自己定位为一位已经取得成功的领导者是充满风险的。正如有人曾经幽默地指出，今天引以为傲的孔雀羽毛，明天可能就变成了普通的鸡毛掸子。如果你希望持续担任领导角色，那么你需要不断地成长，而最能锤炼一个领导者的莫过于这个成长的过程。

今天引以为傲的孔雀羽毛，明天可能就变成了普通的鸡毛掸子。

7. 优秀的领导者可以给组织一个美好的未来

Mid-Park 制造业集团总裁阿兰·伯纳德（G. Alan Bernard）说："一个好的领导者身边总是有比他更擅长特定任务的人，这是领导力的标志。永远不要害怕雇用或管理比你更擅长某些工作的人，他们只会让你的组织更强大。"我要加上一句：永远不要害怕培养比你优秀的人。

在我们的组织中，有许多杰出的领导者，他们在各自的领域表现出色，甚至超越了我。我对我们组织的未来充满信心，即使我无法继续领导组织，其他领导者也能够顺利接替我的位置。然而，如果你生病、离开组织或退休，组织的未来会怎样呢？如果你已经培养出强大而有能力的领导者，并教会他们如何独立运作，那么你的组织的未来将是光明的。

培养领导者的实践路径

无论你是哪个层级的领导者，只要你开始培养新的领导者，你的组织都将从中受益。幸运的是，领导者是可以培养的；更幸运的是，即使你之前从未有过培养他人的经验，现在也可以开始学习。我将竭尽所能地帮助你。

在过去的几十年里，我积累了丰富的领导者培养经验，既有失败的教训，也有成功的喜悦。我希望你能从中受益，从而更快地取得成功。在开始这段领导力之旅时，有三件事你需要做好准备。

1. 培养领导者是件难事

无论你是否曾担任过领导角色，我相信你会认同，领导是一项极具挑战性的工作。对于领导者而言，生活中少有轻松的日子。即使今天过得很顺利，明天也可能会面临重重压力。然而，正是这些艰难的时刻，才使得我们的努力变得更有价值。如果我们追求的是安逸和舒适的生活，那么成为领导者显然不是明智的选择。

培养新的领导者更是难上加难。这也是为什么许多领导者更愿意吸引并领导追随者，而不是去寻找并培养新的领导者。毕竟，追随者总是愿意跟随，而领导者则需要更多的引导和激励。

然而，投入时间和精力去培养新一代的领导者将会带来巨大的回报。正如我的朋友阿特·威廉姆斯（Art Williams）所说："我不能保证这是一件容易的事，但我可以保证，这是值得的。"所以，请做好准备吧。

> 我不能保证这是一件容易的事，但我可以保证，这是值得的。
>
> ——阿特·威廉姆斯

2. 培养领导者耗费时日

威斯蒙特学院院长盖尔·毕比（Gayle Beebe）对领导力发展进行了深入的研究，他在《塑造一个有效的领导者》（*The Shaping of an Effective Leader*）一书中写道：

我们对领导力的理解不是一蹴而就的，这需要时间。在即时满足的文化中，我们倾向于在思考、反思和行动等标志着领导者渐进式发展方面走捷径。理解如何培养领导者，以及他们为什么重要，这需要辨别力、智慧和洞察力。

这当然需要时间。如果把自己培养成领导者是一个漫长而持续的过程，那么我们也应该认识到，其他人在领导力发展上也是一样的。

最近，我和朋友参观了纳帕谷的一个葡萄园，葡萄园的第三代主人指着一堵石墙说，他的祖父始建了这堵墙，后来，他的父亲和他自己也都加入其中。听他展示着墙的不同部分，我能感觉到他的骄傲及他对祖父和父亲的尊敬。我感受到了一种传统感和跨越几代人的共同愿景，还感受到了一种强烈的遗产意识，这不是一夕之功。

如果你想做一些有价值的事情，就必须放弃培养领导者的“微波炉思维”。这个过程不可能一蹴而就，它很慢，就像砂锅慢炖。任何有价值的事情都需要时间，你必须放弃跨越终点线的想法，而去寻找自己内在的满足感。当你接受培养领导者的漫长过程时，你就可以每天都实现内心的满足感。

如果你想做一些有价值的事情，就必须放弃培养领导者的“微波炉思维”。

3. 培养领导者让你的梦想近在咫尺

人们往往高估自己的梦想，而低估自己的团队。他们认为，只要我相信，我就能实现。但事实并非如此。

> **人们往往高估自己的梦想，而低估自己的团队。与一支糟糕的团队一起做一个伟大的梦，那将是一场噩梦。**

单凭信念不足以成就任何事情，你的团队将决定你的梦想的实现情况，与一支糟糕的团队一起做一个伟大的梦，那将是一场噩梦。

我最喜欢的一句格言出自19世纪钢铁巨头兼慈善家安德鲁·卡内基（Andrew Carnegie），他说："我觉得最适合我的墓志铭是：长眠于此的人，善于与比自己更智慧的人交往。"实现这一目标唯一可靠的方法就是培养更多的领导者，发挥他们的潜力，而这是任何一个领导者都无法委托或放弃的，这需要一个领导者来引领和培养另一个领导者。

我写作此书的目的就是为了带你一步一步地走完培养领导者的整个过程。如果你想提升团队、实现梦想，那么就需要完成以下步骤：

（1）致力于成为人才的培养者

（2）了解团队成员

（3）提高团队成员的工作能力

（4）识别潜在的领导者

（5）邀请有潜力的人担任领导职位

（6）明确培养领导者的目标

（7）赋能新领导者

（8）调动领导者的内在动机

（9）鼓励领导者以团队作战

（10）选择进一步培养的对象

（11）一对一指导最佳领导者

（12）教导领导者培养其他领导者

我的朋友金克拉（Zig Ziglar）曾经说过："成功就是最大限度地利用你的能力。"我喜欢这个定义，相信它适用于每个人。但对于领导者来说，成功需要更多的东西。领导者的成功可以定义为最大限度地利用与他们共事的人的能力。领导者只有一种方法可以帮助人们最大限度地发挥他们的能力和潜力，那就是帮助他们发展成为领导者。如果你像我一样认为这就是答案，那就让我们开始吧。

行动步骤

1. 列出团队或组织的长期目标，同时写出组织期望达到的远大理想。

____

2. 针对每个目标，写下为其实现所做的努力或采取的举措，并按照从 A 到 F 给每一步的成绩打分。

____

3. 为实现以上目标和愿景，培养领导者的重点是什么？

____

4. 分析优秀的领导者，他们可能在哪方面实现目标，他们如何进步，以及结果如何。

____

第 2 章

致力于成为人才的培养者

没有别人的帮助，我们就无法发挥自己的潜力，概莫能外。虽然自我评价很有价值，但在生活和事业上处于领先地位之人的观点和帮助对我们的成功更为重要。我们都有缺乏自我意识的盲点，只有他人才能提供另一种视角来帮助我们。作为团队或组织中的领导者，你可以发掘他人，帮助其走得更远、更快、更成功。

我所说的成为人才的培养者是什么意思呢？培养人才意味着以任何可能的方式为他们增加价值，意味着在人们需要的时候给予他们时间、关注、建议和鼓励，意味着对他们进行投资而不期望他们有任何具体的回报，意味着要帮助他们更成功。

有些人称之为教练，而有些人称之为导师。有人问它们是否有区别，以下是我对两者的看法。

教练	导师
以技能为中心	以生活为中心
正式场合	非正式场合
更结构化	少结构化
发出指令	提供咨询
短期	长期
范围窄	范围宽
推动议程	接收议程
注重职位	注重关系
技能意识	自我意识
培训	开发
完成事情	做好事情
交易型	变革型

在开始培养人才时，你应该关注哪些方面？这取决于对方需要什么，以及你能提供什么。我和特定培养人群的互动都是量身定制的，但我的目标始终如一，那就是帮助他们在个人和职业上达到更高水平。我努力向他们灌输知识与经验，挑战他们，鼓励他们，帮助他们做到最好。在培养领导者之前，你必须先培养这个人。

在培养领导者之前，你必须先培养这个人。

感谢培养我的领导者

受人培养对我的生活产生了巨大的影响，培养他人也是如此。对于领导者来说，没有什么比培养其他领导者更令人有成就感的了。这不仅对个人是一种回报，对组织的成功也至关重要。为什么？因为你培养的每个人都能更好地对他人产生积极影响。这就是为什么我的目的是为那些给他人赋能的领导者赋能。

彼得·德鲁克（Peter Drucker）有一句话久久萦绕在我的脑海中。早在20世纪80年代，我们一小群领导者就和他一起在一个静修所度过了几天。在我们同住的最后一天，他看着房间里的十几个人说："到目前为止，我对你说的一切都不如我现在要和你分享的重要：你将培养谁？"在接下来的几个小时里，他谈论了我们作为领导者有培养其他领导者的责任，这给我的人生打下了烙印。

我最钦佩的人之一是约翰·伍登（John Wooden），他是加州大学洛杉矶分校棕熊篮球队的资深教练。他是一位教练、导师和人才的培养者，他尽一切可能培养他的球员。在《生活的战术》（*A Game Plan for Life*）一书中，他写道：

> 我认为，如果你真正理解辅导的意义，你就会明白，它和养育孩子一样重要；事实上，这就像养育子女一样。正如我父亲常说的那样："没有什么是你不能从别人那里学到的。"

世界上的一切都被传承了下来，每一条知识都是别人已经分享过的。如果你像我一样理解它，辅导将成为你真正的遗产，这是你能给予他人的最大遗产。这就是你每天起床的原因——去教别人或被教导。

当我读到这些话时，我不禁想起了所有培养过我、为我无私奉献的人。今天我之所以能做这一切，能给予这一切，都是因为我站在别人的肩膀上。令我感到谦卑也很感激的是，培养者们投资我的人生，激发我的愿景，教会我改变人生的准则。以下是一些培养我的领导者，以及他们教给我的最伟大的经验。

爸爸（梅尔文·麦克斯韦尔，Melvin Maxwel）——好的态度是一种选择。他教会我态度是决定成败的关键。

埃尔默·汤斯（Elmer Towns）——靠近是有力量的。他教我要接近那些能让你变得更好的人。

兰·伍德鲁姆（Lon Woodrum）——去那些能激励你的地方。他给了我参观总统图书馆的想法，现在我已经去过很多图书馆了。

鲍勃·克莱恩（Bob Kline）——成为第一个看到他人潜力的人。当我 25 岁的时候，他看到了我的潜力，于是我更加自信地向前迈进。

莱斯·帕洛特（Les Parrott）——将你的影响力扩展到

个人接触之外。他鼓励我开始写书。

汤姆·菲利浦（Tom Phillippe）——成为学员的冠军。他不仅仅是一位导师，更是一个担保人，为了我可以将自己的声誉置之度外，使我敢于冒风险，跳出舒适的生活。

奥瓦尔·布彻（Orval Butcher）——出色地接过接力棒。他让我成为他的继任者，并将他创立和领导了 31 年的组织的领导权交给了我。14 年来，我一直致力于卓越地实现这一目标，然后将其交给了下一任领导者。

奥斯瓦尔德·桑德斯（J. Oswald Sanders）——一切都取决于领导力。他的《精神领导力》（*Spiritual Leadership*）点燃了我的领导力之火，并一直从旁指导我；20 年后，我得以见到他，并向他表达了我的感激之情。

弗雷德·史密斯（Fred Smith）——天赋大于人。他告诉我，我应该感谢上天赐予我的能力，但同时也要记住，我是有缺陷的，而不是完美的。这种意识使我脚踏实地。

拉里·麦克斯韦尔（Larry Maxwell，我的哥哥）——发展不同的收入来源。作为一个有才华的商人，他教我创造被动收入，让我在不工作的时候也能赚到钱。

比尔·布莱特（Bill Bright）——对世界有远见。他想改变世界，每次我和他在一起，他都拓宽了我的视野和目标。

金克拉（Zig Ziglar）——帮助别人得到他们想要的，他们也会帮助你得到你想要的。他的话促使我改变了看待和实践领导力的方式，我因此而爱戴他。

西里·叶芝（Sealy Yates）——把你的信息传达给商界。当我写书的时候，他鼓励我把商业市场考虑在内，后来我们的图书销量达到3500万册之多，我们仍然在帮助人们。

莱斯·斯托布（Les Stobbe）——读者能读得进去吗？莱斯指导我如何写作，让我的内容更有说服力。

约翰·伍登（John Wooden）——让每一天都成为你的杰作。他塑造了自己的哲学，他是我最伟大的导师，我的书《赢在今天》（*Today Matters*）就是受到了他的启发。

我可以继续写这份名单，但人太多了，你看下去会累着。我的人生是由那些训练、指导和培养我的领导者塑造的，多亏了这些人的托举，我才能站在更高的地方。

为什么有些领导者不能赋能他人

我坚信，优秀的领导者天生就具有培养人才的直觉。我们深知，通过培养人才可以提升他人的价值、改善他人的生活，以及推动组织的成功。然而，太多的领导者忽视了这一点。为什么？以下是五个原因。

1. 缺乏意识

有些领导者根本没有意识到培养人才、赋能他人并使其成为领导者的重要性。如果你过去忽视了培养人，我希望你现在能理解它的重要性和力量，并且去改变你的领导方式。如果你努力培养领导者并赋予他们领导能力，你将改变你的领导者和组织。

2. 缺少时间

许多领导者在完成任务时感到压力太大，以至于他们从不后退一步，看看在哪里可以培养人才，让他们承担更重要的角色。领导者忽略了这一事实，即当人们得到培养和授权，并能够掌握某个领域的主导权时，他们会更加努力地工作，更有创造力。工作的紧迫感让许多领导者目光短浅，以至于他们只能疲于应对，而不是有意识地主动出击。

3. 找不到人来培养

有些领导者很难找到合适的人才来培养，也很难识别他人的潜力，或者由于缺乏经验而不确定如何寻找潜在的领导者。如果你面临这样的困境，请不要气馁。在接下来的三章中，我将为你提供指导，帮助你深入了解团队成员，为他们提供必要的工作技能培训，并通过观察来确定那些具有领导潜力的个体。在此基础上，我还将分享如何进一步引导这些潜在领导者获得更高层次的成长和发展。

4. 对他人缺乏信心

有些领导者很难相信别人，他们担心培养他人是在浪费时间，要么自己的时间不会得到积极的回报，要么他人没有能力把工作做好。这两种想法可能都是正确的，但也不是放弃培养他人的合理理由。现实是，如果你事必躬亲，或者你必须亲自指导别人的每个行动，那你就无法完成更多事情。

如果你是基于此而对培养他人犹豫不决，那么你可能需要实践“80% 规则”，我就是这么做的。如果你培养的人完成任务的能力能达到你的 80%，那么就把任务委派给他。只有培养他人并为他人赋能，你才会发现这一点。如果你想成为人才的培养者，你就必须放弃完美主义。

5. 困于过去的失败而犹豫不决

见证人们发挥自己的潜力是我最大的乐趣之一。然而，在我早年的领导生涯中，有一段经历让我对培养人才心有余悸。我雇用了一位天赋异禀、潜力巨大的员工，全心全意地培养了他几个月，然后让他担任领导者。但他辜负了我的信任，以至于我不得不辞退他。

为培养这位年轻领导者，我付出了一切，但结果是一无所得；最糟糕的是，我还失去了一位朋友，所以我决定不再在情感和职业上投资他人。之后，我长达 6 个月没有工作，一蹶不振，痛苦不堪。不仅如此，我的领导层和团队也都受到了影响。我花了很长时间才意识到，比起培养失败，停止

> 如果领导者不提供支持和机会，人们就很难充分发挥自己的潜力，展翅高飞。

培养是一个更大的错误。培养领导者确实存在一定的风险，但我已经接受了这一点。因为只要尝试挖掘一个人的潜力，即使失败，其损失也相对较小。然而，如果我们停止培养人才，那么由此产生的负面影响将会远远超过我们所能承受的范围。如果领导者不提供支持和机会，人们就很难充分发挥自己的潜力，展翅高飞。

建立培养者的公信力

你培养他人的能力取决于你所知道的和你能做的，但同样取决于你是谁。教的越多，学的越多。而被培养者学到的多少完全取决于你的公信力。

在本章的前半部分，我分享了一份我的培养人名单，以及他们教给我的许多道理。然而，他们做的远不止是教导我，我还从他们的智慧中受益匪浅，心灵上也受他们的灵魂滋养。他们的价值观和性格特征塑造了我，他们的积极品质感染了我。我学到了：

- 父亲的始终如一
- 埃尔默·汤斯的忠诚

- 兰·伍德鲁姆的反思
- 鲍勃·克莱恩的责任心
- 莱斯·帕洛特的创造力
- 汤姆·菲利浦的谦逊
- 奥瓦尔·布彻的满足
- 奥斯瓦尔德·桑德斯的诚信
- 弗雷德·史密斯的独到见解
- 拉里·麦克斯韦尔的聚焦
- 比尔·布莱特的愿景
- 金克拉的互惠原则
- 西里·叶芝的机遇
- 莱斯·斯托布的服务精神
- 约翰·伍登的目的性

这些领导者为我的人生倾注全部，为我倾情投入，我很感激。即便是现在，我七十多岁，仍然在寻找可以向其学习并激励我不断进步的人。

当你准备成为一名人才培养者时，你需要思考你能提供什么。作为一名领导者，你的智慧和经验越多，你就越有可能通过培养他人来实现目标。即使你相对缺乏经验，只要你开放、真实，并持续学习和成长，你也能够培养他人。要衡量你目前的处境，可以问问自己以下三个问题。

1. 我的公信力有多少

对于你的潜在培养目标来说，公信力至关重要。没有人愿意接受一个毫无成功经验的人的指导，人们不会向一个从未成功经营过企业的人寻求商业建议，也不会从身材不佳的人那里获得健身指导，更不用说让一个平庸的演讲者指导他们沟通交流了。

我的朋友戴尔·布朗纳（Dale Bronner）是一位非常成功的商人和牧师，在我的非营利组织董事会任职多年。他写了一本关于导师的书，其中对导师公信力的叙述深得我心：

> 法国人所说的“导师”，“导”的直译是“知道”，“师”的意思是“做”。因此，“导师”的意思就是“知道如何做”。
>
> 这个词经常被用来形容在礼仪方面有修养的人。
>
> 导师也必须拥有特定的专业知识。如果没有这种自信和知识，他们就不能把学到的东西传授给别人。

当你开始培养人才时，请毫无保留地分享你所拥有的知识和经验，在那些你已经取得成功的领域里帮助他人，共同成长！你今天的努力和投入将为明天积累更多的资源和能力，以便你能够给予他人更多。随着你的公信力和影响力的提升，你将有机会在更广泛的领域培养更多的人才。

2. 我的优势能帮助他们吗

在建立指导关系之前，理解这一事实至关重要：我们传授自己所知，但我们复制的是自己。培养他人的强大之处在于，优秀的领导者能够在被培养者的生活中再现自己的能力，但这只有在培养者和被培养者拥有相似的优势时才可能实现。

欣赏有才华、有成就的人固然好，若能与他们合作，共同完成一些事情，则更佳。然而，如果没有共同的优势，指导关系可能不会非常成功。领导者可能会感到沮丧，而被培养者可能无法执行领导者所教导的内容，正如勒布朗·詹姆斯（LeBron James）试图教一个一米五的胖子打篮球一样。因此，专注于利用自己的优势，培养他人相似的优势。你无须面面俱到，因为我们都可能需要多位导师和教练。

我在领导力和沟通这两个我最擅长的领域中给予人们最多的指导，与我共事的人在这些方面也都表现出色。因此，他们向我提出的问题通常都非常具体且复杂，这让我能够享受分享自己超过 50 年的经验所带来的乐趣。随着他们的技能和经验不断提升，他们所提出的问题也会越来越深入，这正是我所期望看到的。

3. 除了我的优势之外，我还能给他们什么经验

显然，你培养的人需要的比你能提供的要多。在你缺乏天赋或经验的领域，他们也需要得到培养。既然你不能给予你所没有的，那该怎么办——成为他们的经验推动者。送书给他们阅读，让他们去上课或参加研讨会，将他们与其他领导者联系起来，以使他们学到你缺乏的方面。很多人才培养者都倾向于亲力亲为，你也必须愿意投入个人时间和精力。然而，你可以利用你所拥有的资源，为他们提供合适的成长机会。

保持为团队增值的积极态度

成为一个人才培养者，实际上就是每天寻找为他人增加价值的方法并坚持到底，我的朋友雪莉·莱利（Sheri Riley）就是这样做的。她是一名作家、演说家、麦克斯韦尔领导力认证教练，也是 Exponential Living 的创始人和总裁。她毕业于路易斯维尔大学并获得工商管理学位，她梦想在娱乐行业工作，曾受雇于 Trevel Productions 制作公司，这是一家由歌手、词曲作者和制作人杰拉尔德·莱弗特（Gerald Levert）组成的管理公司。几年后，她成为乐菲唱片公司（LaFace）的高级营销总监。从那时起，她开始积极培养人才，她聘请了第一位年轻女助理——泰莎·马康（Tashion Macon），并帮助她成为一名产品经理。泰莎后来获得了心理学博士学位，并成为自己营销机构的负责人。

雪莉第一个培养的人是分配给她合作的艺人，一个刚刚签约唱片公司的 15 岁孩子。她很快发现他有非凡的天赋，并被他的魅力所深深震撼。她听过很多有关音乐界年轻人的恐怖故事，说他们的生活如何过早地被名利所破坏。雪莉不想看到这种事发生在他身上，于是决心像他的姐姐一样，指导他并告诉他真相，最终帮助他为职业生涯的长青打下坚实的基础。

说到这，那个 15 岁的孩子就是亚瑟（Usher），他后来有一个备受尊敬且非常成功的职业生涯，卖出了超过 7500 万张唱片，他的几十首歌曲登上了 Billboard 排行榜，还有九首歌曲排名第一。亚瑟这样评价雪莉：

> 我立刻感觉到她性格特质的非比寻常。她对我感兴趣不仅仅是因为营销项目，还因为我本身。她问了我一些问题，并认真听取了我的回答，没有任何隐藏的目的。
>
> 雪莉很快就成了我的朋友和生活顾问，对我来说她有时像一个母亲，有时像一个大姐姐，有时像一个教练。她总是支持我，我也总是毫无保留地信任她。

如今，雪莉是一位赋能演说家，她花了很多时间与世界上的企业受众交流，但她最大的热情仍然是培养和指导人。她的主要关注点是帮助运动员、艺人、教练和企业高管获得个人成长，并在专业领域上占据主导地位。

这就是培养者所做的。他们不仅仅领导一个团队并为组织的成功而奋斗，更投资于人，帮助人们改善生活。当需要培训和辅导那些从投资中受益的人时，他们会更愿意追随培养者且受益更多。

如果你想在组织或团队中培养领导者，那么首先要致力于成为人才的培养者，这是一个坚实的基础。

行动步骤

1. 谁是你的培养者？请列一张清单，在名字旁边写下你从他们那里学到的东西，这将帮助你开始思考自己的发展过程。记下哪些效果良好，哪些对你特别重要。你可能还想给名单上的一些人写感谢信。

---

2. 到目前为止，你对培养他人的投入程度如何？作为证据，写下你培养的人的名字，以及你为培养他们做了什么。如果你没有要培养的人，那么哪些事情对你来说是培养他人的障碍？

- 缺乏意识
- 缺少时间
- 找不到人来培养
- 对他人缺乏信心
- 困于过去的失败而犹豫不决

你将来必须做些什么来克服这些障碍？请写出计划。

---

3. 作为一名人才培养者，你如何评估自己的公信力？写一篇你自己的简介（仅供自己使用），你的职业成就是什么？哪些专业和个人活动增长了你的经验和智慧？你的长处是什么？你能提供什么来为他人增加价值？

---

4. 请列出你的团队成员名单。如果你没有正式的领导职位，请列出你能影响的人的名字。想想每个人，试着厘清你如何为他们增加价值。尤其是，试着把重点放在如何利用你的优势和经验来提高他们的优势上，写下你可以如何帮助他们。立即开始寻找这样做的机会，并在没有附加条件或期望回报的情况下做到这一点。

第 3 章

了解团队成员

2004 年，可口可乐公司（Coca-Cola Company）陷入困境。根据商业顾问格雷戈里·凯斯勒（Gregory Kesler）所说，公司面临着注重健康的消费者不再饮用碳酸软饮料、新产品开发停滞不前、直销业务连年削减、股价 4 年来一蹶不振等问题。商业媒体还宣称“可口可乐配方中的气泡消失了”。为了应对这些挑战，2004 年 5 月 4 日，可口可乐公司宣布，退休高管内维尔·伊斯戴尔（Neville Isdell）将重返公司，成为公司新任董事长兼首席执行官。

伊斯戴尔在可口可乐公司工作了 30 多年，尽管成绩斐然，但他之前从未被考虑担任首席执行官一职。他接受了这个职位，并将其视为“终极挑战”。在回到可口可乐总部亚特兰大的第一天，他没有立即采取行动。相反，他告诉员工们：“这一切都与你们有关，一切都关乎大家。”几年后，在一次采访中，伊斯戴尔说："我明确表示，我来这里是为了采取长期行动，并且在进行大量变革之前，我想先出去倾听和沟通。"为了做到这一点，他开启了一段倾听之旅。他与团队中的主要领导进行了沟通，以便第一时间了解团队存在的问题。他说："我们开玩笑说，公司已经成了'无反馈区'，我们知道必须改变这种状况。"

3个月后，伊斯戴尔在伦敦召集了他的直属下属以及可口可乐前150名的高管，征求他们的意见，以便制定一项推动公司发展的计划。伊斯戴尔说：

> 我们打算为公司制定一个全面的发展计划，这不仅是新的战略和使命宣言，更是一份指导公司业务再次增长并持续保持长期增长的路线图。它不是高高在上地发号施令，而是由公司高层领导者共同制定的。随着会议的进行，高管们开始意识到他们确实能够塑造公司的未来，因此他们的热情成倍地增长。

伊斯戴尔成功地让可口可乐公司再次朝着正确的方向前进。在此过程中，他积极地为他的继任者做好准备。他与团队成员建立联系，倾听意见，并从他们的知识和经验中受益，从而帮助了组织及其中的每一位成员。

从倾听开始

在《卓越领导的思维方式》(*The Contrarian's Guide to Leadership*)一书中，史蒂文·桑普尔(Steven B. Sample)写道:“普通人都有三种错觉:认为自己是个好司机;认为自己很有幽默感;认为自己是个好的倾听者。然而大多数人，包括许多领导者，其实都是糟糕的倾听者，他们实际上认为说话比倾听更重要。”

我曾听过一个笑话，说我们听到的只是别人说的一半，倾听了听到的一半，理解了倾听的一半，相信了理解的一半，而记住的也只有相信的一半。如果你把这些假设转换成一个8小时的工作日，则会是这样的情况:

你花了约4个小时来听别人说话，
你听到了大约2个小时的内容，
你实际上倾听了其中的1小时，
你只理解了其中的30分钟，
你只相信其中的15分钟，
而你只记得其中7分半钟的内容。

难怪很少有人能有所成就。

倾听是所有领导者所能具备的最重要的技能之一，然而我们大多数人却更重视说话。精神科医生兼作家大卫·伯恩斯（David D. Burns）指出："想要说话令人信服时，可能你犯的最大错误就是把表达自己的想法和感受放在首位。大多数人真正想要的是被倾听、被尊重和被理解。当人们感到自己被理解的那一刻，他们就会更有动力去理解你的观点。"

你有多少次听到别人抱怨他们的老板不会倾听？你有多少次听到孩子说他们的父母不会倾听？权威人士通常喜欢高谈阔论，然而，要了解他人并与他们建立联系，最好的办法也许莫过于成为一个更好的倾听者。

倾听有助于理解他人

对许多领导者来说，最大的沟通挑战在于我们大多数时候并不是为了理解而倾听，只是为了回应。作家兼谈判专家赫伯·科恩（Herb Cohen）说过："有效的倾听不仅仅要听到所传递的言语，还需要你从对方所说的话中找到真正的意义并理解。毕竟，意义不在于言语，而在于人。"

相互理解的人能合作得更好，而领导者在领导他们理解和关心的人时总是更有效率。这一过程始于倾听。

倾听是最好的学习方式

电视节目主持人拉里·金（Larry King）说："我每天早上都提醒自己：我今天说的每一句话都不会教给我任何东西。因此，如果我想学到东西，我必须通过倾听来实现。"当我们不能倾听时，我们就放弃了自己的大部分学习潜能。

你的领导地位越高，别人就越有可能将他们认为你想听的而不是你需要知道的事情告诉你。据说，在德怀特·艾森豪威尔（Dwight Eisenhower）就任美国总统的前一天，即将卸任的总统哈里·杜鲁门（Harry Truman）对他说："这是人们对你诚实的最后一天了。"

如果你想成为一名高效的领导者，你就必须把学习倾听作为每天的首要任务。你不能因为喜欢看到结果而变得不耐烦，别人对你说的话比你对他们说的话更重要——这不仅是因为领导者职位越高，离一线就越远，还因为如果你不倾听别人的意见，你就无法了解别人。倾听是收集信息、学习、理解他人并与他人建立联系的最佳方式。

倾听能带来信任和联系

真诚倾听并保守秘密的领导者会赢得同事的信任。作为一名年轻的领导者，我在保守秘密方面驾轻就熟，但在倾听方面却遇到了麻烦。我更热衷于推进自己的工作计划，而不是倾听团队成员的意见。只有当某位团队成员质疑我倾听不足时，我才意识到自己有问题。诚然，如果我一直在倾听别人的意见，我可能会更早明白这一点。别人可能早就想告诉我了，只是我没有听到。当这位团队成员终于跟我说通之后，我意识到她真正想告诉我的是，我不值得信任，她的想法、观点和感受不值得托付于我。我必须赢得她的信任，也就是从这时开始我成了一个更好的倾听者。

作家兼教授大卫·奥格斯伯格（David Augsburger）说：“对于普通人来说，被倾听与被爱如此相似，几乎无法区分。”倾听会吸引人们，这比试图强加你的领导力更有效。同理心能建立信任，而信任能有助于培养他人。

> 对于普通人来说，被倾听与被爱如此相似，几乎无法区分。
>
> ——大卫·奥格斯伯格

如果你不知道他们是谁，他们想去哪里，他们关心什么，他们思考什么，他们贡献了什么，你永远也无法最深入地理解他们。只有倾听，你才能了解这些。当你倾听时，人们会认为自己是置身其中的。他们感觉自己是合作伙伴，而不仅仅是员工。他们更信任你，因为你关心他们。

作为领导者，当你与目标培养人打交道时，你能做的最重要的事情之一就是了解他们并与他们建立联系。重要的是要记住这是双向的。是的，你要了解潜在的领导者；但同时，你也始终希望给予这个人机会以更好地了解你。

持续提问

一旦成为一个更好的倾听者，你就可以通过提问来增进对他人的了解。我是个健谈的人，所以我花了一段时间才学会这一点。随着提问的增多，我有一个重要的发现：提问的效果与给出指导的效果是相反的。当你给团队指明方向时，往往会束缚他们。当你提出问题时，就为清晰表达、沟通、创新和解决问题提供了可能。你所提出的问题表明你本人并不掌握所有答案，而且提问也能更重视他人的意见。以下是提问更多的益处：

- 为开放式对话创造空间
- 重视他人及其意见
- 帮助人们更好地了解彼此
- 邀请每个人参与
- 澄清假设
- 引发人们思考
- 引导对话

没有人是无所不知的，每个人都会犯错。当我们认识到这个事实时，我们就能营造一种文化氛围，让创造力得以充分释放，错误可以得到宽容，人们可以从挫折中汲取教训。

最近，一位领导向我表达了他的挫败感。我鼓励他多向团队提问，而不是下达命令。他担忧地说："如果我提问，就无法掌控团队的回应。"然而，领导的职责并不是控制，而是影响。我试图让他明白，真正的目标是要影响团队的思维和行动，而不是控制人们的回应。要做到这一点，你必须提出正确的问题，这些问题将会引导团队方向和节奏。问题越深入，团队对领导力的理解就越深刻，你对他们的理解也就越深刻。实际上，提问可以增强而不是削弱领导力。

提问不仅有助于领导者收集信息，还能促进他们与团队成员建立关系。在提问的过程中，领导者能够深入了解团队成员，从而更有效地指导他们，同时也能获得团队成员的认同和支持。

作为领导者，我们经常基于假设来领导，真是大错特错。正如西蒙·斯涅克（Simon Sinek）在他的《超级激励者》（*Start with Why*）一书中所言：

> 我们常常基于自以为正确的认知来做决定。就在不久前，大多数人还相信地球是平的。这种理所当然的观念影响了人们的行为模式。在此期间，探索活动寥寥无几。人们担心，如果走得太远可能会堕入地球的边缘。因此，大部分人都安于现状。直到人们发现了一个微小的细节——地球是圆的，人类的行为才发生了大规模的改变。在这一发现之后，人们开始环球旅行，建立贸易路线，进行香料交易，数学等新思想在社会之间共享，各种创新和进步破土而出。一个简单的错误假设被纠正推动了人类迈步向前。

当我最终开始提问而非臆断时，我的领导力得到了全方位的提升。因此，我建议在准备培养潜在的领导者时，要把提问贯穿会议的始终。

会议开始前的问题

作为人才培养者，你需要放眼未来，具有超越常人的视野和前瞻性，并充分利用与团队成员在一起的时间。在启动项目、参与体验或进行辅导谈话时，以下是一些向团队成员提出的问题示例：

"你对我们提出的愿景有何看法？"

"你认为我们应该如何开展这个项目？"

"你期待从这次经历中得到什么？"

"你认为这次谈话将如何进行？"

问题越开放，你就越能了解一个人是如何思考的。而问题越困难、直观或抽象，回答它就越需要天赋和经验。通过他们的回答，你可以了解很多他们的情况。每当针对特定情境下的领导力状况进行提问时，每个人的回答都能充分展示他们的领导潜力。

会议结束时的问题

我倾向于向团队成员提出能引发自我评估和反思的问题，以此衡量他们的认知水平。我想知道他们观察到了什么、感受到了什么、学到了什么，并将如何应用这些知识，以及他们计划采取哪些后续行动。在会议结束时提出高质量的问题往往能激发人们的自省和学习。如果他们未能从中汲取教训，你可以随时投入一些时间来教导他们。

提问题总是对你有益的。会议开始前的问题制定了议程，而会议结束时的问题则最大化了议程的成果。会议开始前的问题鼓励准备，而会议结束时的问题鼓励反思。这两种问题类型都能增进参会人的理解，它们为更有效地领导他人和培养他人的领导能力铺平了道路。

会议开始前的问题制定了议程，而会议结束时的问题则最大化了议程的成果。会议开始前的问题鼓励准备，而会议结束时的问题鼓励反思。

从他人的角度看世界

优秀的领导需要转变视角，从“以我为中心”转变为“以他人为中心”。这意味着我们需要尝试从他人的角度看问题。皮克西斯技术公司（Pyxis Technologies）的咨询负责人、培训师兼教练斯蒂芬·苏尔德克（Steffan Surdek）说：“视角是个人看待世界的方式。它来自个人的观点，并受到生活经验、价值观、当前的心态、特定情境下的假设以及其他许多因素的影响……毫无疑问，我的视角就是我的现实经历。”

如果你希望将团队成员培养成优秀的人才，进而成为卓越的领导者，你就需要了解他们，学会从他们的角度去看待这个世界。那么，你该如何才能实现这一目标呢？

学习换位思考视角

回顾自己的领导力生涯，我希望自己能更早尝试以他人的方式思考问题。长期以来，我只是希望别人能像我一样思考，却不能理解为什么他们做不到这一点。因此，我耗费了大量的时间和精力试图说服他们接受我的观点。然而，这并不是建立人际关系的有效方法。慢慢地，我开始理解他人是如何思考的，并从他们的角度出发而不是从我的角度出发来引导他们。我建议你也这样做。

练习寻求不同视角

在会议结束后，我经常会请团队中的领导分享他们对会议的看法和收获。他们的反馈帮助我意识到可能会遗漏的细节，也能让我更深入地了解他们对会议进程的理解。通常，当培养某个人时，我会先了解他们的观点，然后再表达我的见解。有时，我还会传授一些知识，以助他们在领导之路上走得更远。

融入协作视角

每当我和我的团队相聚时，无论是为目标而制定规划，还是活动后的回顾，或者是与其他组织会面后的总结，我都会征求团队成员的不同观点，正如我之前所说。但我不会就此止步。对话的真正价值来自对这些不同的观点的整合。为此，我会指出一个团队成员的想法与其他成员的想法之间的关系，也会阐明这些想法与我的想法之间的关系，并努力把所有这些想法与我们组织的愿景结合起来。

除了试图了解他们之外，我还致力于拓宽每个人的视野，帮助他们提高领导力思维，更好地了解彼此。这样，我们就有可能共同构建一个新的共享视角，使我们所有人都能从中获益。这不仅有益于我们个人，也有助于改善我们的团队，并促使每个人跳出自己的视角，获得更广阔的视野。这本身也是他们培养过程的重要一环。

人才培养的成果案例

芭芭拉·布鲁马金（Barbara Brumagin）是我早期在人才培养方面取得成功的典型案例之一。1981 年，她加入我的团队担任助理。她不仅成为我团队中成功且不可或缺的一员，还逐渐成长为一名出色的领导者。在撰写本书时，我请她分享了早期的一些观察。以下是芭芭拉在回忆这些经历时提到的一些要点：

在我入职的第一天，我的办公桌就被精心安排，以便我能看到隔壁办公室的你，并听到你的声音。你不仅实行开放式的办公，我还得以观察你如何在办公桌前处理各种事务——既有琐碎的日常事务，也有重要的长期规划，还有与他人的交流。每当遇到重要的事情时，你都会花时间向我解释你的思考过程，为我铺垫背景知识，并告诉我你做出决策的原因和方式。这有助于我更好地理解并准备好承担分配给我的所有相关任务。

在助理还未被允许参加组织的每周计划会议时，你就带我参加了会议。这有助于我为新任务做好准备、了解项目，并清楚团队成员需要你或我完成哪些工作。在这些会议之后，你总是询问我是否有任何问题或反馈，或者我是否需要进一步的解释。你问我观察到了什么、学到了什么。你重视我的想法，让我有机会了解你们的评估过程。任何时候，只要我们见面，我都清楚自己总有提问的机会。你总对我表示感谢，几乎每次谈话结束，你都会说“谢谢你帮了我”。当我们通完电话时，你的最后一句话总是“我能为你做什么吗”。

芭芭拉是我出色的工作伙伴。在我们共事的 11 年里，她给予我的帮助之大难以用言语来表达。她最初担任我的助理，但后来不止于此。因为我理解她，对她敞开心扉，并有意地帮助她理解我，所以她肩上的担子越来越重。她开始能够代表我进行沟通，替我做决定。之所以能做到这一点，是因为我们彼此非常了解。

如果你要培养他人，就要了解他们，并尽一切可能去理解他们。你需要足够开放，让他们了解你并向你学习。

你在这样做的同时，一定要鼓励他们。虽然人们的希望和梦想可能各不相同，但他们都需要鼓励。以下是我的发现：

- 大多数人都缺乏安全感，要给他们信心。
- 大多数人都想感受到自己与众不同，要赞美他们。
- 大多数人都希望有一个光明的未来，要给他们希望。
- 大多数人都需要被理解，要倾听他们的心声。
- 大多数人都需要方向，要与他们同行。
- 大多数人都是自私的，要首先满足他们的需求。
- 大多数人都情绪低落，要鼓励他们。
- 大多数人都希望被包容，要征求他们的意见。
- 大多数人都渴望成功，要帮助他们取得成功。
- 大多数人都希望被赏识，要认可他们。

当你深入了解人们的内心世界，满足他们的需求，并给予他们鼓励时，他们将更愿意向你学习，并在未来的道路上更有可能成长为优秀的领导者。

行动步骤

1. 你的倾听能力如何？如果史蒂文·桑普尔的观点是正确的，那么大多数人都认为自己是很好的倾听者，即使实际上并非如此。请给自己打分（0–10分，10分为最高分），然后与五位熟悉你的人交谈，询问他们会给你打多少分。这将为你的倾听能力提供一个基准线。

---

2. 如果你的倾听评分低于9分，那么你需要努力提高倾听能力。首先，识别出你在哪些情境或场合缺乏倾听。然后，制定一个计划，以便在这些情况下积极倾听、准确理解和有效记忆信息。必要时，使用重述他人话语的技巧，并询问自己是否理解正确。如果理解不正确，向发言人寻求解释，并再次尝试理解。

---

3. 下次与一个或多个团队成员会面时，使用会议开始前或会议结束时的提问法来更好地了解他们。开会前，预先列出会议前问题以确保充分准备。在每个人离开之前，提出总结性问题和意见性问题。如果你担心自己会记不住别人的回答，请做好笔记。

---

4. 努力了解团队中每位成员的观点。询问他们喜欢工作的哪些部分，以及他们认为工作中最具挑战性的部分，并解释原因。了解他们对团队工作以及对组织贡献的看法，询问他们对未来的希望和梦想。在与他们交流时，避免对他们的回答进行评判或质疑，只是倾听并学习即可。

第 4 章

提高团队成员的工作能力

所有领导者都希望实现其组织目标，而大多数人都意识到，只有当他们的团队表现出色时，这些目标才能得以实现。他们明白罗纳德·里根（Ronald Reagan）总统所说的："最伟大的领导者不一定是做了最伟大事情的人，而是能够激励人们做出伟大事情的人。"

并非所有领导者都以同样的方式实现这一目标，有些人依赖于他们传达愿景的能力，而有些人则努力激发团队成员的热情。许多人通过批评团队成员、指出成员的弱点，或者让团队成员互相竞争来实现目标。但正如南加州大学教授摩根·麦考尔（Morgan McCall）所说："适者生存与优胜劣汰并不相同。"还有一些人则制定激励措施，希望人们为之努力。最糟糕的领导者会威胁人们，但正如德怀特·艾森豪威尔总统所说："你不能靠当头棒喝来领导——那是攻击，而不是领导。"

多年来，我发现人们在工作中失败主要有三个原因：或者缺乏完成工作的能力或意愿，或者没有接受过适当的工作培训，或者不理解完成工作所需的步骤。

好消息是，培养可以解决上述三个问题中的两个。如果一个拥有能力和意愿的团队成员失败了，这可能是你的责任，因为你没有给他们提供适当的培训。

如果一个拥有能力和意愿的团队成员失败了，这可能是你的责任，因为你没有给他们提供适当的培训。

学会培养他人

当我开始领导力之旅时，我依靠个人魅力和努力工作来推动组织前进。在我担任牧师的第一份工作中，我吸引了很多追随者，但几乎所有的事情都是我亲力亲为。我当时年轻气盛，在那个职位上保持这种状态长达三年。但当我离开后，我留下的一切都土崩瓦解了。那时我才意识到，领导力的真谛不在于聚集更多的追随者，而在于培养更多的领导者。但你不能一开始就要求人们具备领导能力，你需要给他们一个适合的舞台，让他们尽情发挥。首先，确保他们具备

领导力的真谛不在于聚集更多的追随者，而在于培养更多的领导者。

出色的工作能力。这不仅能推动组织向前发展，还能为他们积累成功经验，从而为他们日后担任领导角色奠定信任基础。

因此，在我领导的第二个组织中，我开始专注于培养我的团队。我的方法很简单：我从不独自工作，每当我承担了一项任务，我就会邀请其他人加入，这样他们就能学习如何执行类似的任务。如果我启动了一个项目，其他人就会与我并肩作战。如果我外出拜访，就会有同伴陪同我一起前往。很快，其他人能够胜任我的所有工作。他们开始帮助我，接管我的任务，而后我又承担了新的任务。

那时，我开始体验到倍增的力量。当我开始培养同事，帮助他们提升工作能力时，我体验到了影响力、时间、精力、资源、想法、金钱和效率的复合增长。我意识到，正如俗话所说，众人拾柴火焰高。

当团队成员学会出色地完成他们的工作并奋发向上时，识别团队中潜在的领导者就变得相对容易。然而，随着我继续培训团队成员，我意识到还缺少一些关键因素。虽然我所培养的人才已经帮助我分担了领导的负担，但如果我不能教会他们如何培养和发展其他人才，我们将无法把组织推向更高层次的成功。

拥有更多训练有素的团队成员和能力更强的领导者，意味着我们能够在现有的基础上取得更大的成就，意味着我们可以启动新的计划，组建一支能够解决问题、克服障碍的队伍。此外，我还发现培养领导者可以让我腾出更多时间，专注于那些能为我和组织带来最高回报的领域。（在接下来的章节中，我将指导你如何识别潜在的领导者，引领他们进入领导角色，并培养他们的领导能力。在你能够培养领导者之前，你需要一批训练有素的团队成员。）

受到这一伟大愿景的启发，我努力创建了一个全新的培养模式。它不仅要让我能够实践、教学，而且要确保组织中的每个人都能理解、应用，并将其传授给他人。以下是我的构想：

我做。

我做，你跟着我做。

你做，我支持你做。

你做。

你做，其他人跟着你做。

如你所见，这一过程始于有意培养他人的领导者。第一步，领导者需要取得成功。第二步，一旦你对自己的工作游刃有余，就可以邀请团队成员加入你，让他们跟着你学习。第三步，把焦点从领导者转向团队成员，即从“我”变为“你”。此时，团队成员正在执行任务，而领导者则对执行人进行指导、鼓励和纠正。第四步就是移交，任务被委派给已完成培训的团队成员。但重要的是，还有第五步，受训者挑选另一名团队成员进行培训。这是效率转变的地方——它从加法转变为乘法。

如果每个团队成员都能培训其他人，那么倍增效应就不会停止。从 1997 年到 2016 年，我所在的非营利组织 EQUIP 在培训领导者时就实践了这种模式。在这期间，EQUIP 成功培训了来自世界各国的 500 万名领导者。

作为领导者，要求团队成员与你同行是一回事，为他们提供明确的行动指南则是另一回事。优秀的领导者会为团队成员提供到达目的地的方法，培训他们并为其赋能。一旦我意识到“培养”所能产生的积极影响，我便立即调整了我的关注点，从而使我的领导力得到显著提升。你也可以效仿这一做法。

像培养型领导者那样思考

我希望能帮助你树立培养型领导者的思维方式。这样，你就能为团队注入更大的动力，并识别出最具潜力的成员。拥有培养思维意味着什么？

在我看来，这就像是为攀登珠穆朗玛峰做准备。首先，你必须评估每个人的潜力水平。他们是身材走样的宅男宅女吗？他们身体健康但缺乏经验吗？他们有经验但身体状况欠佳吗？他们是否拥有丰富的经验和良好的体能基础，但仍需要做好准备才能更进一步？作为团队的领导者，你需要清楚地了解这些。

你必须评估攀登珠峰需要培养哪些能力，攀登的条件如何？你从自己的攀登中学到了什么？存在哪些危险和陷阱？人们需要了解哪些你已经掌握的知识？你如何帮助他们像登山者一样思考？你能教他们看到山顶并评估应该如何征服它吗？作为培养型领导者，仅仅让他们上山下山而不被冻死是不够的。最终，你要让他们学会如何登山，并通过教授他们你所掌握的一切，来培养他们引导他人登山的技能。你的目标是以这样一种方式培养他们，使他们不仅学会做好本职工作，还要学会领导，并塑造自己培养型领导者的心态。

培养团队成员时的专注点

在我反思多年来培养他人的种种方式时，我相信如果你专注于以下五种基本做法，你就能在这一过程中取得成功。

1. 以身作则

你可能已经注意到，我经常强调树立正确榜样的重要性。为什么呢？因为如果你不把自己培养成领导者，你将永远无法获得足够的信誉或技能来培养他人。在这方面，我还有一个简便的缩写词可以帮助你——LEAD。以下是你需要自问的问题：

学习（Learning）：“我在学习什么？”

体验（Experiencing）：“我在体验什么？”

应用（Applying）：“我在应用什么？”

培养（Developing）：“我在培养谁？”

告诉别人做他们没做过的事，这不是培养他们，而是发号施令。

告诉别人做他们没做过的事，这不是培养他们，而是发号施令。当你经过学习、体验、应用，然后培养他人时，这不是发号施令，而是领导。

我喜欢的内容战略家兼作家史蒂夫·奥伦斯基（Steve Olenski）在《福布斯》（*Forbes*）杂志上对此的论述：

当员工看到他们的现任领导在个人和专业方面不断精进时，他们就会看到培养过程的价值。

通过以身作则，领导者树立了信誉并建立了信任，从而鼓励员工参与培养建设活动。

这向员工表明，培养是组织文化的一部分。它传达了这一信息，即每个组织成员都必须参与从内部培养的持续改进过程，这一点也很重要。

在我们的组织中，教练们曾为全美大大小小的公司以及世界各国的各行各业培训过人才，涉及政府、商业、艺术、教育、媒体、体育和医疗。一个组织的培训课程是否成功，首要因素是看其高层领导是否参与其中。如果他们通过全程参与培训过程来表明学习对他们来说是优先事项，那培训就会成功。如果他们不参与，组织中的人就会认为这并不重要。领导者的缺席造成了信誉缺口。

如果你想培训团队成员并最终培养出领导者，你就需要公信力。如果你在成长和发展，他们就会尊重你，即使你在成长的道路上并不比他们领先很多。因此，要不断学习，为个人发展树立榜样。

2. 与团队成员共度时光

自 1974 年以来，我实施的所有培养模式都遵循一个共同原则：接近原则（Proximity Principle）。我将人带到身边培养，为他们投入时间和精力，这种培养方式远距离是无法实现的。团队成员离你越近，他们与你的互动就越频繁，从而得到的教导也就越多。

在虚拟工作环境中，这可能会是一个挑战。虽然可以尝试用技术来模拟近距离接触，但实际效果可能会有所不同。因此，在这种情况下，你需要主动与团队建立连接点。你可以安排时间让团队成员在同一地点一起工作，哪怕只有几个小时或几天。

接近原则的美妙之处就在于任何人都可以实践这一原则，无须具备培训师或训练师的经验，也不必担任高层领导职务。

这意味着每个人都可以通过这种方式来提升团队的凝聚力和工作效率。

领导者对他人说的最重要的一句话就是“跟我来”。当人们被邀请加入时，他们会紧密跟随，亲眼见证领导者的行动，并从中学习。他们可以理解领导的行为及其背后的原因，并与领导共同分享这种经验。同时，他们也可以提出自己的疑问。有意识地保持近距离接触对领导者来说是必不可少的。

3. 与团队成员一起设定培养目标

在培养过程中，适时为团队成员设定目标是至关重要的。目标可以在邀请他们参与培训之初设置，也可以在培训过程中根据了解的不断深入而调整。但无论如何，目标必须明确设定，因为目标将会成为团队成员遵循的路线图。在此过程中，请遵循以下指导原则。

因人而异制定目标

在对团队成员进行培养之前，你已经对要培养的人有所了解，因为你已经花时间问了一些相关问题。你需要或希望团队中的某个人完成某些任务。此外，你可能对这个人的潜力有一定的直觉。将这些信息整合起来，为团队成员制定目标，然后问问自己和团队：“这些目标适合他吗？”

确保目标切实可行

没有什么比制定无法实现的目标更令人沮丧的了，这样的目标注定失败。作为领导者，你需要确保团队成员能够走向成功。我很欣赏 AMAX 前董事长伊恩·麦克格雷格（Ian MacGregor）在谈到这一点时所说的话："我的工作原则和训练马匹的人是一样的，从低门槛的、容易实现的目标开始，然后逐步提高。在管理中，重要的是永远不要让人们试图完成他们无法接受的目标。"让他们从小事做起，然后逐步提高，进而帮助他们取得一些胜利。

制定需要努力的目标

团队成员需要从小事做起，但这并不意味着他们应该一直停留在做小事的阶段。理想情况下，每个目标都应该促使他们达到新的高度并取得成长，这才算是真正实现了目标。而且每完成一个目标，他们都应该有能力去追求更高的目标，获得更大的发展。当完成了你们共同设定的所有目标时，回首往事，他们会为自己的进步和成长感到惊喜和自豪。

制定可衡量的目标

只说"我想变得更好"或"我想成长为一名领导者"是不够的，这些都只是美好的愿望，可以为我们指明方向，但它们不是具体的目标。你为团队成员确定的每一个目标都必须足够具体，以便你和他们都能清楚地回答是否实现了这个目标。

以书面形式明确目标

要求团队成员将目标书面化。这样，目标就会变得具体，潜在的领导者也就有了责任感。

制定一个明确的计划，让每个人都有努力的方向。对于团队中的新成员，要经常与他们交流，讨论他们实现目标的情况。对于越是有经验的人，培养就越是一个长期的过程，直到它转变为一种指导关系，我们将在第 11 章讨论这一点。

4. 鼓励团队成员在实践中学习

有人告诉我，在医院的急诊室，护士们有一个说法：“看一个，做一个，教一个。”换句话说，新护士跟随经验丰富的护士，并观察他们的行为。然后，新护士也会进行同样的操作，并且应该接下来去教导其他人。在医疗行业快节奏的环境中，我们鼓励护士立即投入工作，练习新技能，然后将其传授给他人。很少有东西能像亲自动手操作一样巩固学习成果，仅靠理论和指导所产生的效果是有限的。一旦人们参与到实践中，他们的能力就会迅速提高。

学术研究支持这一观点。20 世纪 90 年代，工业心理学家罗伯特·艾辛格（Robert Eichinger）、迈克尔·隆巴多（Michael Lombardo）和摩根·麦考尔共同提出了所谓的“70/20/10 学习与发展模型”（70/20/10 learning and development model）。该模型认为，在一个人的学习和成长中，70% 是在现实生活、工作经验、完成任务和解决问题的场景中实现的；20% 来自非正式或正式的反馈、指导以及其他人的辅导；剩下的 10% 则来自正式的培训。如果你想培养人，就与他们保持密切联系并指导他们，同时让他们获得实践经验，提供一些能提升他们并促使他们成长的实践。

很多时候，领导者不愿意让经验不足的人承担任务，因为他们担心任务可能无法顺利完成。然而，我认为关键在于选择合适的时间和方式来传授培养经验。尤其是在新人刚入门的时候，先让他们从不太重要的任务做起，然后再逐步引导他们接受更具挑战性的任务。当他们承担更重要的职责时，要经常与他们联系，了解他们的工作情况，解答疑问并给予鼓励。随着他们经验的积累，与他们接触的频率可以适当减少。

作为一名领导者，沟通是我的一项优势，我经常致力于培养员工成为更优秀的沟通者，而这并非通过简单的交流就能做到，因为交流不等同于培养或学习。人们需要通过实践来学习和提高。让我们探讨一下，看看我可以采取哪些不同的方法来帮助年轻的沟通者。

- “艾玛，我希望你在下周四晚上做一个五分钟的演讲。”在这种情况下，我是在告诉艾玛该做什么，我在给她布置任务。
- “艾玛，准备好你的五分钟演讲，写出来，然后练习。”我加了一些具体的解释来帮助她，但仍然只是在教。
- “艾玛，我们一起来吧，你先对我练习演讲，然后我们再讨论如何改进。”我在与艾玛互动，而她在做这项工作，并积累经验。
- “艾玛，我们见个面吧，你可以向我展示你对演讲做了哪些调整，并再次向我练习演讲。”我给了她一个积累更多经验的机会。

- “艾玛，我希望你在周四晚上发表演讲，之后我会给你反馈。”现在，我已经最大限度地为她积累了经验。

在这个例子中，艾玛独立地完成了所有的工作，而我在前期给予她指导，在中期给予她训练，让她获得了与现场听众交流的宝贵经验，并在最后给予她反馈，从而为她的成功奠定了基础。

你需要选择你的培训方式，但在选择的过程中，请记住这两点：一是需要让他们在实践中学习；二是需要与他们保持足够亲近，以便在培训过程中及时提供指导。

5. 消除成长的障碍

培养工作的最后一步是为团队成员的成长和进步创造条件。有时，这意味着需要向他们提供工具或所需资源；有时，这意味着需要将他们介绍给组织内外能够帮助他们的人。这始终意味着要创造一个能让团队成员蓬勃发展的环境。

作为组织的领导者，我认为自己是一个“揭盖子的人”。我想给人们发挥潜力的空间，为了实现这一目标，我努力揭开所有束缚他们的盖子。史蒂夫·奥伦斯基说：

许多组织的结构和流程过于僵化，使得跨职能发展、促进动态增长和高绩效培训面临诸多挑战。因此，领导层需要架起沟通的桥梁，推倒隔阂，设计新系统，以鼓励灵活的学习和工作方式。如今的员工习惯于变化，喜欢开放式的工作环境，乐于探索。领导者要消除障碍，让员工蓬勃发展。

如果你是团队或组织中的领导者，你有责任为你培养的人才消除障碍。未经授权，不要让他们承担责任；不要在资源缺乏的情况下分配任务；不要只是口头上表示希望他们成长，而是要教导他们如何实际执行工作，并让他们在实践中学习；不要让他们感觉自己是团队中不可或缺的资产，却得不到应有的重视。培养他们取得成功，然后让他们自由发挥。

培养可以改变游戏规则。它能改变团队成员的个人能力，使他们更好地胜任工作；增强他们的自信，并看到更光明的未来。它改变了团队的整体实力，团队变得能力更强、更有成效。它还增加了组织的价值，因为团队为实现愿景做出了更多贡献，并增加了公司盈利。对于团队领导者而言，培养同样有益，因为他们不必独自承担过多的责任，而可以与团队成员共同分担。

要成为一名有效的培养者，你需要自我反思：你是否愿意为他人奉献时间和精力？你是否愿意做出承诺和牺牲？通常情况下，亲自完成任务比培训别人更快、更容易，但这只是短期思维。当培训完备的团队成员与你一起工作时，你会发现，现在投入的时间都会得到回报。同时，你也会开始识别出谁是潜在的领导者。在下一章中，我们将探讨如何识别和发掘这些潜在领导者。

行动步骤

1. 高效的培养者本身就是好榜样。为了个人和职业的成长，你目前是否有意识地采取了积极的行动？具体来说，你每天和每周分别花费多少时间来关注个人成长？你投入了多少金钱？

   如果你对以上问题的回答是积极而具体的，那做得好！如果可以的话，让团队成员知道这一点，但不要自吹自擂。

   如果你对这些问题的回答不尽如人意，那么你需要为自己制定一个成长计划。可以从读书开始：每周最多一本，但每月不少于一本。给自己定一个目标，每个月听一定数量的有价值的播客节目，报名参加研讨会或认证课程，让成长成为你生活中定期的、持续的、有计划的一部分。

---

2. 开始实践“接近原则”。多花时间与团队成员在一起。在工作时，邀请他们共同参与，以便他们可以观察你的行为并向你学习。在可能的情况下，遵循以下做法：

   - 我做。
   - 我做，你跟着我做。
   - 你做，我支持你做。
   - 你做。
   - 你做，其他人跟着你做。

---

3. 与每个团队成员一起设定培养目标，询问他们想要学习的内容，告诉他们你希望他们学习什么，或者如何改进现有技能。讨论你们预见到的任何障碍，为他们制定具体且可实现的目标，这需要他们付出努力并实现成长。将这些目标书面化，并附上完成时间表，你要负责为他们的成长扫除障碍。

____

4. 鼓励你的团队成员付诸行动，在实践中学习。同时保持与他们密切交流，讨论他们的成功和失误。指导他们、支持他们、鼓励他们，然后放手让他们继续尝试和学习。和他们一起努力，按照约定的截止日期实现他们的目标。当他们取得成功时，无论是私下还是公开场合，都要给予他们表扬。

____

第 5 章

识别潜在的领导者

在我演讲时，我最喜欢的环节之一是回答听众中的领导者提出的具体问题。例如，在一次由福来鸡公司举办的会议上，我被问及如何培养优秀的领导者。我回答说："首先，要明确领导者的特质。"

这听起来很简单，却是事实。我发现，大多数人都很难描述出一位潜在领导者的特征。领导力专家、作家詹姆斯·库泽斯（James M. Kouzes）和巴里·波斯纳（Barry Z. Posner）说："我们对谁是领导者以及谁不是领导者的认知，往往受到先入为主观念的影响——对领导力本质的预设理解。"

我从书中得知，当杰克·韦尔奇（Jack Welch）担任通用电气公司的首席执行官时，他在高管发展课程的新学员参加第一节课之前，会发出一份备忘录，引导学员们提前思考并回答一组问题，以准备好课堂讨论。以下是他写的备忘录内容：

> 假设明天你将被任命为通用电气公司的首席执行官：
>
> - 在最初的三十天里，你会做什么？
> - 你是否已经有一个当前的“愿景”？
> - 你将如何制定愿景？
> - 你最好的愿景构想是什么？
> - 你将如何“推销”你的愿景？
> - 你将建立哪些基础？
> - 你会放弃哪些现行做法？

在高管发展课程中，通过听取学员对这些问题的回答，韦尔奇能够识别出最有潜力的领导者。但多年后，韦尔奇对他选择的继任者杰夫·伊梅尔特（Jeff Immelt）感到惋惜，因为在韦尔奇考虑选择的一小批人中，伊梅尔特是个能说会道的人，是“最圆滑的政治家”。回想起对韦尔奇的一次采访，威廉·科汉（William D. Cohan）写道：

> 韦尔奇先生告诉我：“伊梅尔特先生是个万事通。但一个人不可能既是个万事通，又能成功管理像通用电气那样的大公司。简而言之就是这样。他对所有事情都有答案……如果你想把失败归咎于我，我承认我错了。”

提问是件好事，虽然我也喜欢提问，但这并不是答案的全部。一个能说会道但潜力小的人可能会骗过你，一个潜力巨大但不善言辞的人可能不符合你的要求。那么，你该怎么做？

观察团队成员

有些领导者很想招募来自组织外部的领导者，并与他们共事。然而，我建议你先从现有的人员入手，观察你的团队成员。由于你已经投入了时间和精力去了解并培养他们，因此你现在应该对他们非常了解。在自己的组织中寻找潜在的领导者进行培养具有重要的意义，主要出于以下三个原因：

1. 他们是已知量

与面试外部人员不同，你不必设想内部人员的表现，不必依赖他们对自己的评价，更无须仅凭他们精心挑选的推荐人的意见做出决策。你可以直接评估他们的实际表现，了解他们的能力，观察他们的长处。此外，你还可以亲自与他们的同事交谈，以便更全面了解他们的情况。

2. 他们已经契合企业文化

任何时候从外部引进新员工，都必须判断他们是否真的契合企业文化，是否能够与现有团队很好地合作。而对于已经在组织中工作了一段时间的内部员工，你已经充分了解他们是否适合团队。

3. 他们已经建立了影响力

即使未经专业培训或缺乏经验，优秀的领导者依然能够对他人产生深远影响。在识别具有培养潜力的领导者时，应关注他们是否具有影响力，因为领导力本质上就是一种影响力。如果一个人不能影响他人，他就无法成为一名真正的领导者。他们如果在组织中已经有了一定程度的影响力，那么他们就已经积累了一笔宝贵的财富，将来还可以利用这笔财富推动事业发展，这就好比在比赛中抢占了先机。当你布置任务时，他们就能迅速调动已经影响到的人。

如何衡量他们的影响力？我建议使用五层级的领导力模型进行评估。以下是按影响力从低到高的顺序排列的五层级的领导力：

（1）职位：人们因头衔而追随你。

（2）认同：人们因人际关系而追随你。

（3）业绩：人们因你为组织做的贡献而追随你。

（4）育人：人们因个人生活的改变而追随你。

（5）巅峰：人们因赢得声誉、得到尊重而追随你。

安德鲁·卡内基是一位擅长识别潜在领导者的大师。有一次，一位记者问卡内基是如何聘请到43位百万富翁的。他回答说，这些人开始为他工作时并不是百万富翁，但最后都成了百万富翁。记者继续询问他是如何把这些人培养成如此有价值的领导者的。卡内基回答说："培养人的方法和开采金矿的方法一样，要想得到1两金子，就必须搬运几吨泥土；但你进矿井不是为了搬泥土，而是为了找金子。"

我不会把不能成为领导的人称为泥土，但我一定会把能成为领导的人称为金子。你把注意力放在哪里？是那些不能成为领导的人，还是那些能成为领导的人——组织中的金子？

无论领导什么样的团队、部门或组织，你都能发现潜在的领导者，并对其加以培养。如果你没有发现你未来要培养的领导者，那么你的潜力和未来就会永远受限。

给潜在领导者画像

当寻找潜在的领导者时，请牢记一点，他们与你已经合作过的优秀领导者具有相同的特质，只是这些特质未在他们身上充分展现出来。你必须努力从幼苗身上看到参天大树的潜质。

当我寻找具有领导潜力的人时，我会从五个方面入手。同样，在观察团队成员中谁是潜在的领导者时，我也建议你采用这种方法。

1. 潜在领导者的态度：主动

最近，我和我的朋友埃德·巴斯蒂安（Ed Bastian）聊招聘问题。他是达美航空公司（Delta Airlines）的首席执行官，他告诉我："在达美航空，我们在招聘过程中高度重视应聘者的态度，同时我们会提供相应的培训以提高他们的能力，确保老成员能够与新成员合作愉快。"

> 在达美航空，我们在招聘过程中高度重视应聘者的态度，同时我们会提供相应的培训以提高他们的能力，确保老成员能够与新成员合作愉快。
>
> ——埃德·巴斯蒂安

态度是一种个人选择，而良好态度的核心在于主动——愿意学习、改进、服务、为他人着想、增加价值、做正确的事、为团队做出牺牲。领导技能可能来自头脑，但领导态度来自内心。

对于优秀的领导者而言，他们对下属的期望往往比对自己的期望更高。多年来，我一直向潜在的领导者灌输这一理念：人们不会在意你知道多少，除非他们知道你有多在乎。这意味着，潜在领导者必须具备同理心，设身处地为他人着想。正如杰弗里·科恩（Jeffrey Cohn）和杰伊·摩根（Jay Morgan）所说："出于多种原因，同理心对领导力至关重要。同理心与正直相结合，可以推动信任，让追随者感受到他们的利益受到了关注，从而激发积极的能量。追随者感受到领导者的欣赏，从而更有动力、更投入地履行自己的职责。"

当潜在的领导者展现出积极的态度时，你能明显感觉到他们的热情和活力。这种由内而外的积极态度让他们充满激情，就像沃伦·巴菲特（Warren Buffett）一样，作为伯克希尔·哈撒韦公司（Berkshire Hathaway）的董事长兼首席执行官，巴菲特非常热爱自己的工作，甚至形容自己“每天跳着踢踏舞去上班”。又如洛杉矶道奇队（Los Angeles Dodgers）的资深主帅汤米·拉索达（Tommy Lasorda），他曾两次赢得世界大赛冠军。即使在 1981 年季后赛中惨败给休斯敦队，拉索达仍毫不气馁，热情高涨。当被问及他的乐观态度时，他说：“我生命中最美好的一天是我参加了一场胜利的比赛，而我生命中第二好的一天是我参加了一场失败的比赛。”这就是我们希望从所培养的潜在领导者身上看到的态度，他们相信自己能够成功，并愿意付出时间和努力。即使面对失败，他们也会乐观地继续工作，努力向前。

2. 潜在领导者的品格：可靠

积极的态度很重要，但良好的品格是愿意服务、无私奉献、富有同理心、不断成长和乐于奉献等积极态度特质的基础。品格是一切行为的保障。没有品格，一切都会迅速崩溃。品格意味着妥善管理自己的生活，这样你才能有效地领导他人。正如盖尔·毕比所说：品格的形成为我们

> **品格意味着妥善管理自己的生活，这样你才能有效地领导他人。**

的领导力创造了可预测性。可预测性、可靠性和一致性，这三种品质确保我们的领导力是值得信赖的，并让人们对我们充满信心。我们作为领导者的有效性是建立在信任的基础之上的。

当潜在的领导者怀有一颗为人着想的正向心态，每天积极向上，保持良好的品格，并不断做出正确的决策时，他们就有可能成为更好的领导者，因为他们是可靠的、值得信赖的、值得培养的。

3. 潜在领导者的能力：出众

我曾向大家分享过，埃德·巴斯蒂安说在达美航空他们相信用人要看态度，但这并不意味着他们忽视人才。他还告诉我："我们寻找人才是因为人才能够提升团队水平。"我补充说："有领导力的人才最能提升组织的整体水平。"

没有人才，任何事业再努力都不可能达到卓越成就。没有能力出众的人才，就不可能有成功的组织，这是一个不争的事实。寻找优秀的领导者就像寻找优秀的跳高运动员，七个能跳一尺的人并不能解决问题，我们需要的是一个能跳七尺高的顶尖人才。领导工作的难度和复杂性决定了它不可能由一个普通人组成的委员会来完成。情况越困难，领导者就必须能"跳得越高"。

俗话说，一个人的天赋为其创造了无限可能。诗人拉尔夫·瓦尔多·爱默生（Ralph Waldo Emerson）也表达了类似的观点，他写道：“每个人都有自己的天职，而天赋正是关键所在。天赋所在之处，一切皆有可能。”我们每个人都能定位自己的天赋和才能所在，并在这个领域上有所作为，从而取得优异的成绩。

你怎么知道潜在的领导者在某个领域是否有天赋？

- 他们精于此道——天赋使其表现卓越。
- 他们有机会展示天赋——天赋创造了更多的机会。
- 他们会吸引其他人——天赋显示了吸引力。
- 他们乐在其中——天赋为其带来成就感。

人才总是能意识到自身拥有的丰富资源，并不反对与他人分享。

——亚历山大·索尔仁尼琴

具有才能的潜在领导者会抓住各种机会取得卓越成就，从而促进整个团队或组织的发展。正如诺贝尔奖获得者亚历山大·索尔仁尼琴（Aleksandr Solzhenitsyn）所言：“人才总是能意识到自身拥有的丰富资源，并不反对与他人分享。”

4. 潜在领导者的履历：已证实

天赋并不总是成就的代名词，所以你需要考察团队成员的实际业绩，以审视他们的领导潜力。你需要了解他们在过去是否取得过显著的成绩，这些成绩是否已经得到验证，以及他们取得了哪些成就。在完成任务时，他们是否表现出色，是否达到并超越了既定目标，能否实现预期的结果？如果他们自己能够独立取得成果，那么他们就有可能帮助其他人取得成功。如果他们自己从未做成事，那也无法带领他人取得成功。

优秀的领导者有着不同的身材、年龄和背景。他们的个性各不相同，领导方式也不尽相同。然而，最具领导潜力的人往往能够在众多普通人中脱颖而出，因为他们懂得如何取胜。

5. 潜在领导者的思维方式：发展

最优秀的领导者始终致力于持续发展，他们希望不断完善自己、产品、服务、团队成员、团队整体以及他们所在的组织。换句话说，他们是真正的建设者。当我谈到建设者时，我指的是具有以下五个特征的人。

建设者不会安于现状

建设者不会安于现状，他们奉行“橡皮筋法则”（Law of the Rubber Band），我在《个人成长 15 法则》（*The 15 Invaluable Laws of Growth*）一书中详细阐述过：当你失去了当前位置和目标位置之间的张力时，成长就会停滞不前。建设者喜欢挑战自我，正如前印地赛车手马里奥·安德雷蒂（Mario Andretti）所说：“如果一切都在掌控之中，那只是你的速度还不够快。”

建设者乐于面对不确定性

变化是永恒的，它对进步至关重要，但变化也会带来不确定性，然而建设者对此并不感到不适。他们知道，有时必须在不完全了解或信息有限的情况下迈出前进的步伐。尽管如此，他们仍然会坚定地走下去，相信答案就在前方，他们能够找出答案并取得进步。毕竟，不确定性是领导力的机遇所在。不确定性越大，就越需要优秀的领导者来指明方向，并带领他人一起前进。建设者不断寻求打开大门、持续成长的方法，他们深知，当没有什么是100%确定时，一切皆有可能。

建设者要有耐心

在我们的世界中，存在两种形式的进步。有些事情你必须努力争取，而有些事情则需要耐心等待。建设者最擅长从工作中取得进步。

愿景差距是指我们正在做的事情与我们能做的事情之间的差距。建设者们迫不及待地想要缩小这一差距。

我的朋友克里斯·霍奇斯（Chris Hodges）就是这样一位杰出的建设者，他曾表示：愿景差距是指我们正在做的事情与我们能做的事情之间的差距。建设者们迫不及待地想要缩小这一差距。

建设者要有感染力

最近，麦克斯韦尔领导力公司开始在波兰开展培训活动，旨在培养当地的认证教练。在筹划期间，我们的波兰教练伊沃娜·波尔科夫斯卡（Iwona Polkowska）安排了一次活动前的电话会议。在活动即将开始的前几分钟，我和她进行了简短的交谈，她告诉我届时将有超过1000人在线参与。这让我非常钦佩，并向她表示了感谢，但伊沃娜却显得十分淡定。她回应道："这只是一个开始。要知道，波兰总人口有3800万。"这番话让我备受鼓舞，我相信伊沃娜将在她的国家大力宣传这项活动，让更多的人认识到它的价值。

建设者要充满热情

建设者们对他们目前和未来的工作充满热情，他们的热情激励着其他人加入其中，其"敢做敢为"的精神得到了传播。时间不足？他们会想办法挤出时间。资金不足？他们会努力筹集所需资金。人手不足？他们会积极招募更多志同道合的伙伴。他们是如何做到这一切的？答案是通过激励他人加入他们的行列，并给予他们必要的支持。

建设者的核心信念是他们总是处于建设的过程中，这并不只是说说而已，而是实际行动的体现。他们取得的成就是他们未来表现的重要指标，也是他们成功领导他人的重要依据。

挑选合适的潜在领导者进行培养至关重要。曾长期担任NBA波士顿凯尔特人队（Boston Celtics）总裁的雷德·奥尔巴赫（Red Auerbach）说："如何选拔人才比如何管理人才更重要。如果一开始用对了人，后续就不会出现太大问题。但如果你雇用了错误的人，无论出于什么原因，都将会遇到巨大的麻烦，世界上所有革命性的管理技术都无法帮你摆脱困境。”要想拥有一支优秀的团队，唯一的办法就是识别并找到合适的人选，将其培养成为优秀的领导者。

他们会跟随你，并接受你对他们生活的投入吗？这完全取决于你的领导力。根据《领导力 21 法则》中的“接纳法则”（Law of Buy-In），人们先接纳领导者，然后接纳他所描绘的愿景。同样，根据“尊重法则”（Law of Respect），人们自然会追随比自己更强的领导者。也就是说，如果别人的领导能力比你强，他们就不会追随你。如果你的领导能力是 5 分（满分 10 分），那么你就不能指望领导能力为 6 分或更高的人会追随你。如果你想领导和培养更高水平的人，就必须不断提升自己，成为更好的领导者。

尽管我主张在自己的组织中发掘领导者，但在某些情况下，我们可能无法在内部找到合适的人选，这时就必须向外寻求人才。但是，由于存在未知因素，引进外部人才也会带来挑战，尤其是关于文化兼容性的问题。我在《公司》（*Inc.*）杂志上读到纽约 Triplemint 房地产经纪公司首席执行官兼共同创始人大卫·沃克（David Walker）的一篇文章，在文章中，他给出的招聘建议是：“对于每位创始人来说，招聘都是一项令人夜不能寐的任务。招聘最优秀的人才是一个巨大且永无止境的挑战……每家公司都有其独特的文化，无论你的公司属于哪种文化，有四个问题可以帮助你识别候选人是否适合公司文化。”

以下是他提出的四个问题：

（1）你上一家公司的企业文化如何增强或削弱你的能力？

（2）你遇到过的最好的老板有哪些特点？

（3）描述你是如何处理与同事之间的冲突的。

（4）在这个岗位上，你希望得到什么样的反馈，你希望多久得到一次反馈？

我非常赞同沃克的方法。第一个问题有助于了解候选人之前雇主的企业文化，第二个问题有助于了解他们对领导力的看法，第三个问题可以帮助你了解他们的人际关系技巧，第四个问题可以帮助你了解他们对反馈的期望。

沃克表示："我曾经聘用过几乎完美契合企业文化的优秀员工，也聘用过最终未能成功的不太出色的员工。在招聘过程中，没有一击即中的事情。无论你有多优秀，你都会犯错。"

如果你需要从外部引入人才，我认为事先设定期望值很重要。在《领导力跃迁》（*Leadershift*）一书中，我详细阐述了在员工加入团队时我们应该对他们的期望。我们会明确告诉他们：

- 这不是关于我，也不是关于你，而是关于大局。
- 你应该不断成长。
- 你必须重视他人。

- 你要始终承担责任。
- 我们不会回避艰难的对话。

我们的想法越一致，成功的机会就越大。

你如果想领导一个成功的团队或组织，关键在于挑选合适的人，进而培养他们成为优秀的领导者。每一个加入团队或被选中培养的人，都会对你产生积极或消极的影响。彼得·德鲁克曾表示：

> 做出正确的人事决策是管理好一个组织的最终手段，它揭示了管理层的能力、价值观以及他们对待工作的态度。无论管理者如何努力隐藏他们的决策，这些决策都是无法被隐藏的，但有些管理者仍试图这样做。决策其实是显而易见的……
>
> 如果高管不努力做好人事决策，他们面临的不仅仅是业绩不佳的风险，还有失去组织重视的风险。

如果你深入了解你的团队成员，为他们提供良好的培训，并仔细观察他们的表现，你将大大提高做出正确人事决策的可能性。这样，你就能选出合适的人，培养他们成为优秀的领导者。正如需要清楚你正在寻找什么样的潜在领导者一样，你也需要明白自己的发展目标。这就是下一章将要探讨的主题。

行动步骤

1. 花时间与团队中的每一位成员相处，熟悉他们的个性、能力、工作习惯和业绩记录。

---

2. 计划对团队中的每个成员进行评估。就本章所列的每项特征给每个人打两个分数，从 1 分到 10 分不等（10 分为最高分）。第一个分数是对他们当前能力的评估，第二个分数是你认为他们的上升潜力。

姓名	态度	品格	能力	业绩	发展

3. 谁脱颖而出？谁的起始分数最高？谁的上升潜力最大？他们都可以被培养成领导者。从你所拥有的人中选出最优秀的，并计划邀请他们参与领导力培养过程。

---

4. 如果你认为团队中没有一个人具有领导潜质，那么在考虑聘用外部人员之前，请先询问了解你的团队并值得信赖的领导者的意见，看看他们是否发现了潜在的领导者。你有可能错过了已经存在的“潜力股”。如果其他领导同意你的看法，那么也许是时候招募有潜力的新成员了。如果你决定这样做，在开始培养他们成为领导者之前，你需要充分了解他们，并为他们提供必要的支持和引导。

第 6 章

邀请有潜力的人担任领导职位

我一直热爱文字，也喜欢玩文字游戏。这也许是因为，作为一名传播学者、作家，我已经在这个领域工作了四十多年。我最喜欢的一个词是“桌子”，这个简单的词对我来说有着深远的含义。为什么这么说呢？因为在我的人生中，许多难忘的经历都发生在餐桌旁。回想我的童年，那时我和家人常常围坐在餐桌旁共享晚餐，那是我生命中最快乐的时光之一。随着年龄的增长，餐桌也成了我改变自己、影响他人的场所。

以餐桌为例，它可以作为一个学习的大社区。我最喜欢的事情莫过于美食和交谈，而且我相信这两者是可以兼得的。我喜欢选择一家优质的餐厅，邀请人们和我一起围坐在餐桌旁，然后向他们提出问题，展开深入的交谈，这样的过程往往会产生意想不到的收获。在这个过程中，我不仅能了解到餐桌旁的每个人的故事，还能从中汲取新的知识和见解，从而丰富我的人生体验。

另一个例子是圆桌会议，它可以构建一个互助社区。我创立的两个非营利组织就致力于成为推动社区和国家转型的“催化剂”。我们的工作是通过圆桌会议向人们传授价值观和领导力的知识——一小群人聚集在一起，分享他们的经历，将基于价值观的理念应用到生活中，并相互激励，以实现积极的变革。

我尤其喜欢领导力圆桌的概念，因为它可以成为未来领导者的成长平台。显然，这里的“领导力圆桌”并非指字面意义上的桌子。拥有一张领导力圆桌意味着在你的组织或团队中创造了一个空间，人们可以在这里学习、实践领导力，无论是成功还是失败的经历都可以在这里得到分享和反思，同时为人们提供施展才华的机会。

拥有一张开放席位的领导力之桌可能是促使领导者开始发展、吸引新的领导者（不仅是组织内部的，还有来自外部的）的最佳方式。我为什么这么说呢？因为对于潜在的领导者来说，没有什么比被邀请坐在领导席上更有吸引力了。

我在《领导力21法则》一书中提出的“吸引力法则”（Law of Magnetism）指出，你是一个什么样的人，就会吸引什么样的人。具有领导潜质的人希望与其他领导者共处，观察优秀的领导力，谈论领导力，并亲身体验，这能激发他们的热情。真正的领导力之桌是为任何具有领导潜力、领导愿望和学习意愿的人准备的，他们可以在这里坐下来，成为领导团队的一员。

“领导桌”的邀请函

我还记得早年的一段经历，当时我受邀参加一个领导层会议。那是在 1981 年，我刚搬到圣地亚哥不久，当时我三十出头，在组织中担任领导职务已有十年，但经验相当有限。我收到了一个邀请，去洛杉矶参加领导者会议。我觉得自己好像被召入了大联盟，因为许多我尊敬的领导者都会参加这次会议。

我现在还记得，当时我根本不觉得自己和其他人在同一维度上，因为其他受邀的领导者比我更有经验，也比我更成功。我深深地自我怀疑：我能适应吗？他们会接受我吗？我能做出什么贡献呢？

会议当天，我走进会议室时，我的恐惧立刻消失了。发生了什么事呢？查克·斯温多尔（Chuck Swindoll）是小组里最有影响力的领导者，也是我多年来一直崇拜的人，他注意到了我，径直向我走来。

“约翰，我们很高兴你能来，过来和我们一起坐吧。”他边说边把我带到他的桌边，“坐在我旁边，我可以把你介绍给其他的领导者。”

被邀请到那张“领导桌”前对我来说意义重大，因为这是我记忆中第一次被邀请加入一个高层领导团体，在这里我可以向他们学习。这真的让我大开眼界，我看到了自己领导力的更多可能性。

无论你的领导级别如何，你都可以创建一个“领导桌”，让那些尚未达到你的领导级别的人来到这里，欢迎他们的到来，并让他们尝试领导工作。然而，这不应该是一个精英式的排他性邀请，而应该是一个开放式的机会邀请，任何有领导潜力的人都可以得到机会，谁能站出来有效地领导往往会让我们感到惊讶。

拉吉夫·佩沙瓦里亚（Rajeev Peshawaria）是一位商业领导力和战略顾问，同时也是Iclif领导力和治理中心的首席执行官，他在《老板太多，领导太少》（*Too Many Bosses, Too Few Leaders*）一书中提出了一个问题：

在当今瞬息万变的世界中，只挑选少数人作为高潜质人才，并对他们的发展进行不成比例的投资，这样的做法是否还有意义？

如果五年后世界发生变化，需要的潜能与今天用来识别高潜质人才的基准完全不同，那该怎么办？对那些大器晚成的人来说，他们可能在早期并没有表现出卓越的才能，但日后可能会变得非常有价值，我们又该怎么办？那些没有被选为高潜质人才的人对团队士气的负面影响又如何处理呢？

鉴于上述原因，也许是时候重新思考识别和培养一批高潜质人才的“最佳做法”了。鉴于当今商业的不确定性和影响我们生活的强大力量，我们无法判断谁会成为未来的思想领袖。与其把所有鸡蛋都放在一个篮子里，让那些早早就被任命的高潜质人才来承担，企业不如给每个人提供类似的资源，鼓励他们自我发展，以此来增加培养未来领袖的机会。

“领导桌”是为了吸引潜在的领导者，并了解他们是否具有成为领导者的能力。

并不是每个被邀请到“领导桌”的人都能成为有效的领导者。此外，邀请某人加入“领导桌”并不意味着他会永远留在那里。“领导桌”是为了吸引潜在的领导者，并了解他们是否具有成为领导者的能力。因此，你应该尽可能地扩大“领导桌”的规模，以便容纳更多的潜在参与者。别担心，最优秀的领导者自然会从其他人中脱颖而出。

“领导桌”上的培养要点

为了培养你的潜在领导者，并保证团队或组织吸引到其他潜在领导者，你需要确保在你的“领导桌”上做到以下几点。

1. 让其沉浸在领导力文化环境中

领导力环境会产生一种领导力文化，因为领导者总是站在自己的角度上思考和行动。他们既关注全局，也关注细节。在考虑问题时，他们不仅关心人员因素，还注重流程管理。此外，他们还会权衡无形的东西，如士气和动力，以及底线。正如我在《领导力21法则》中的“直觉法则”（Law of Intuition）所讲的，领导者在评估任何事情时都会带有领导力偏见。对于从未经历过这种环境的人来说，领导者的工作方式起初会让他们感到陌生。

布莱恩·沃克（Bryan Walker）和萨拉·苏尔（Sarah A. Soule）在《哈佛商业评论》（*Harvard Business Review*）上发表的一篇文章提出：“企业文化就像风一样，虽然看不见摸不着，但其影响力却无处不在。当企业文化与个人目标相契合时，就如同顺风而行，一切顺利；反之，则如同逆风而行，举步维艰。”因此，如果你想培养领导者，你需要顺着风而不是逆着风。这意味着你必须把想要培养的领导者引入这种领导力文化。

我的朋友蒂姆·埃尔莫尔（Tim Elmore）是“成长型领导者”（Growing Leaders）组织的创始人兼总裁，他曾撰文谈及工作场所的文化。他认为：

> 你会发现，组织文化越好，就越不需要政策和企业流程来强制行为。当文化足够强大时，它能够像潮水一样，推动

水面上的所有船只扬帆起航。让我们来看看一些深谙此道的公司：

- 美捷步（Zappos）
- 星巴克（Starbucks）
- 福来鸡（Chick-fil-A）
- 奈飞（Netflix）

相反，如果文化越薄弱，领导者就越需要依靠政策和流程来约束员工的行为。在这种情况下，文化上的不足必须通过规则来弥补。iRobot公司的联合创始人科林·安格尔（Colin Angle）这样说道："文化是创业过程中不可或缺的神奇元素。"

蒂姆特别描述的是一种以领导力为核心的组织文化。拥有强大领导力文化的组织依靠的是人的指导和指引，而不是规则和政策。

在我的组织中，领导力文化的基础是良好的价值观。我们希望培养的人才能够认同并践行我们的价值观，重视他人，并为他人创造价值。缺乏这些价值观的人无法适应我们的环境，也无法发展成为领导者。

我非常钦佩的一个组织是福来鸡，它拥有卓越的企业文化。顾客们排队等待不仅是为了美食，更是为了体验经营者和员工的优质服务。成功的麦克斯韦尔领导力认证团队成员马克·斯托里（Mack Story）在谈到福来鸡时表示：

在招聘时，你是更希望从250名应聘者中挑选出“合适”的候选人，还是只从寥寥无几的申请者中进行挑选？显然，从更多的候选人中筛选，你将更有可能拥有一支更优秀、更强大的团队。福来鸡吸引众多应聘者的原因正是他们自身。

任何人只要有足够的资金，都可以在同样的地点购买同样的设备并建造同样的建筑。然而，并非所有人都能得到同样的结果。为什么呢？因为大多数人都没有致力于人的发展，而只是在做快餐生意。相比之下，福来鸡专注培养为他人服务的人，因此吸引了那些同样重视发展和服务他人的人。当然，他们有权将许多不符合条件的人拒之门外，从而挑选那些认同他们价值观的人。

据我观察，许多组织都在追求盈利，其运作方式与致力于人的发展的组织大相径庭。但具有讽刺意味的是，那些致力于人的发展的组织往往能获得更多利润，因为归根结底，利润是由人创造的。

企业文化是企业内部人员价值观的体现。

企业文化是企业内部人员价值观的体现，是人们行为的总和，而非管理者所希望的理想状态。人们通常会模仿所见所闻，并将其内化为习惯性行为，从而塑造了企业文化。

当领导者聚集在一起，谈论领导力，共同实践良好的领导力时，就会创造出一种充满领导力的环境。随着时间的推移，这些行为将逐渐固化为领导文化。当潜在领导者被邀请加入这个“领导桌”时，他们就有机会通过观察和学习领导者的思维方式、价值观以及工作方式来实现自我成长。一旦潜在领导者开始效仿这些方法时，他们的领导力发展之旅也就开始了。

2. 鼓励他们参与讨论组的活动

如果你没有一批经验丰富的领导者来组成“领导桌”，那么就需要自行构建一个“领导力发展桌”。创建领导力小组可以为团队成员提供优越的成长、学习以及初步接受领导力实践的环境。它可以成为塑造领导者的绝佳工具，但你必须有意识地带领大家经历一个成长过程。

我曾数次有幸到意大利佛罗伦萨度假，每次去那里，我都会特意前往阿卡德米美术馆（Accademia Gallery）欣赏米开朗琪罗的《大卫》。据说，当米开朗琪罗被问及他的杰作时，他表示雕塑本就存在于石头之中，他只需凿开周围的岩石即可。

领导者正是这样做的，他们能够识别出一个人身上的未来领袖潜质，并助其崭露头角。这或许就是为什么著名教授、畅销书作家布雷内·布朗（Brené Brown）将领导者定义为“那些致力于发掘人的潜能并勇于激发这种潜能的人”。

在过去几年中，我所在的组织深刻体会到了“领导桌”在促进个人成长和领导力发展方面的巨大作用。全员参与的小组聚会充满活力，人们在其中提出创新点，挑战传统思维，学以致用，并相互监督，从而为自己的生活带来积极的变化。我所服务的非营利组织已经在全球范围内培训数以万计的领导者如何有效地主持价值观圆桌会议。这些领导者帮助成千上万的人在品格、领导力和有意识地生活方面取得了成长，并对人们的生活产生了深远的积极影响。

我们的麦克斯韦尔领导力认证团队成员也通过我的著作《中层领导力：自我修行篇》（*Developing the Leader Within You 2.0*）接受了有意识的领导力培训。他们积极参加领导力圆桌会议，阅读和讨论各章节内容，相互挑战，共同成长，并相互监督。此外，我们也鼓励他们开始或提升自己的教练和演讲业务，并将所学知识付诸实践。

在邀请他人加入领导力会议时，请务必做到以下几点。

与受邀者预先设定期望值

邀请潜在领导者参加会议时，首先要做的就是确定期望值。以下是你需要告诉他们的内容：

- 小组的形式是坦诚讨论。
- 环境是鼓励型的。
- 小组中的每个人都必须参与。
- 没有不好的问题。

- 每个人的目标都应该是为分享的内容增值。
- 圆桌会议的目的是应用，而不是信息。
- 每个人都有责任履行承诺。

忘掉自我，关注他人

作为圆桌会议的领导者，你的职责不在于传授知识，而是通过提问来促进讨论。你应该坦诚地、真实地分享自己的心路历程，但同时也要将注意力集中在参与者身上，给予他们百分之百的关注。高度重视每个人，并尽可能地确认他们的观点和感受。

期待他人为讨论增加价值

增加价值是领导者的重要职责。作为小组的领导者，你需要以身作则，尽最大努力为团队成员增加价值，并鼓励其他人也这样做。在适当的时候，让大家组队分享对他们最有益的内容。这样既能加强学习，又能让大家体验到为他人增值的过程。

鼓励大家行动起来

知识本身并不是成功的关键因素，如何将知识付诸实践才是关键，这就是我们的成长途径。因此，当领导者和潜在领导者汇聚一堂时，行动始终是我们的终极目标。

多年来，我一直在传授一种名为 ACT 的方法，即应用（Apply）、改变（Change）、传授（Teach）。无论我身处何种成长环境——圆桌会议、大型集会或日常会议，我都会倾听那些值得付诸行动的要点。我鼓励你们使用这个方法来帮助你们小组中的成员。在每次会议结束时，根据讨论的内容，向与会者提出以下问题：

- 你能把哪些应用到你的生活中？
- 你能改变自己什么？
- 你能教给别人什么来帮助他们？

然后，在下一次会议开始时，请每位成员分享在上一次会议中承诺要采取的行动，以及他们的执行状况。你会惊奇地发现，当人们意识到别人会询问他们的学习成果并对其负责时，他们会多么迅速地将所学应用于实践。

观察圆桌上的表现

主持领导力圆桌会议的一大优势在于，你能够亲眼见证潜在的领导者在会议桌上的成长过程。你可以观察到人们的思考方式、解决问题的策略、沟通技巧、性格特征以及后续行动。同时，你还可以看到其他成员对他们的反应。那些在团队中比其他人想得更早、更全面的人开始展现出领导才能。其他人也会感受到这一点，并给予他们相应的尊重。当你提出问题时，你会发现这些潜在领导者的影响力日益增强，因为其他成员开始向他们寻求解答。最优秀的领导者总是能脱颖而出。关注他们，记录他们的表现，以便为他们提供更加个性化的培养方案。

3. 让他们受益于亲近的力量

在过去，大多数人都是通过拜师学艺来掌握一门手艺或职业技能。学徒跟随师傅四处奔波，观摩他们的工作，协助他们，并在学到基础知识后提出问题，最终在师傅的监督下练习手艺。然而，今天的学习过程通常是怎样的呢？人们通常在教室里听讲座、看视频或阅读书籍。作为一个撰写书籍和向听众授课的人，我非常重视这些学习方式，但它们与“在桌边”与领导者亲密接触、亲身实践的体验有着本质区别。

最近，我注意到了一些关于人们学习方式的有趣的统计数据：

- 仅通过学习理论就将新技能运用到实践的学习者占5%。
- 通过学习理论和观看演示将新技能运用到实践的学习者占10%。
- 通过培训期间的理论学习、示范和实践将新技能运用到实践的学习者占20%。
- 通过培训期间的理论学习、示范、实践和纠正反馈将新技能运用到实践的学习者占25%。
- 通过培训期间的理论学习、示范、实践、反馈和现场指导或辅导将新技能运用到实践的学习者占90%。

对于学习者而言，与经验丰富且能够提供指导和反馈的专家进行面对面的互动是其他方式不可替代的。

领导力是“学”出来的，而不是“教”出来的。因此，对于潜在的领导者来说，最好的学习方法之一就是与现任领导者共同参与讨论，甚至有机会参加战略会议，这将极大地拓展他们的视野。聆听领导者如何思考问题，观察他们如何做出选择，以及观察他们的交流方式，这些都是潜在领导者可以获得的宝贵财富。会议室完全可以成为潜在领导者的实践课堂。

领导力是“学”出来的，而不是“教”出来的。

当然，还有许多其他有意识的方式可以让领导者和潜在领导者聚集在一起，相互学习。例如，我每年都会举办一次麦克斯韦尔领导力活动，我们会带领 120 名领导者到不同的城市进行领导力体验。这个名为“交流”的活动非常受欢迎，每次都会迅速售罄。为什么呢？因为在活动中，领导者之间的距离非常近。在这为期三天的活动中，来自不同企业、拥有不同背景的领导者汇聚一堂，共同探讨领导力，体验成长。许多与会者在交流会上建立了终生的友谊，其参与的课程甚至改变了他们的人生轨迹。

我培养领导者的另一种方式是每个月与不同的领导者团体进行电话会议，分享知识、回答问题并促进讨论。科学技术让我能够与世界各地的人建立起紧密的联系，并将领导力

第 7 章

明确培养领导者的目标

在我们进一步讨论之前，有必要讨论一下你作为领导力培养者的目标。一旦你把有潜力的人请到“领导桌”前，并开始与他们合作，你希望他们成为什么样的人？显然，每个组织都是独一无二的，其目标和必须完成的工作也是独一无二的。不同类型的领导者需要不同的技能，才能在各自的领域取得成功。但是否有一些关键领域是所有领导者都可以发展的？答案是肯定的。

3G 框架是培养领导者的核心领域

当我培养领导者时，我希望确保他们在三个核心领域得到发展，我把这三个领域称为 3G（Grounded, Gifted, Growing）。

优秀的领导者都是脚踏实地、展现天赋、不断成长的。无论他们领导的是谁，也无论他们负责什么样的工作，3G 都为进一步发展他们的领导技能奠定了坚实的基础。

让我们逐一来看看。

1. 脚踏实地（Grounded）——拥有稳固的核心价值观

同类相生，这是一条普遍规律。我所寻找的领导者都有坚实的基础，能够脚踏实地。我这么说是什么意思呢？以下是我所寻找的脚踏实地的领导者的特征。

正直

领导者最重要的价值观就是正直。没有诚信，领导者注定会自我毁灭，并连累他人。我的朋友、奥兰多魔术队（Orlando Magic）高级副总裁帕特·威廉姆斯（Pat Williams）说："船航行的基本规则之一就是：如果船要经历风暴而不倾覆，水面下的东西应该比水面上的东西更有分量。诚信也是如此，表面下的东西最好比你展示给世界的东西更出色，否则你永远无法抗过人生的风暴。"

我认为，正直就是内心比外表更强大。正直的领导者有力量带领他人抗击风暴，而不会倾覆。当你与新领导者一起工作时，要确认并肯定他们的正直。挑战他们做正确且有难度的事，并在他们坚持到底的时候给予表扬。如果你发现领导者在诚信方面有任何问题，请立即解决。领导者需要知道标准是什么，并且能够达到标准。但如果他们达不到标准，就必须将他们调离领导岗位。

真实

除了权力和地位之外，真实是一个新的展现领导力权威的标志。真实的人知道自己的长处和短处，不会试图成为不是自己的另一个人。你所培养的领导者需要对自己的身份有现实的认识，既不过分夸耀自己，也不过分贬低自己，他们必须对自己感到满意。即使能力出众，他们也需要像南非前总统纳尔逊·曼德拉（Nelson Mandela）那样思考，他说："我不希望被当作神灵来看待，我希望人们记住我是一个有善有恶的普通人。"

你如果想培养具有真实性的领导者，那么就需要以身作则，诚实地面对自己的优点和缺点。你需要在领导、同事和团队成员面前做真实的自己。如果你重视并表现出真实，且以同样的标准要求你培养的领导者，那么他们也会开始重视真实。

谦逊

我的导师约翰·伍登是我所认识的最谦逊的领导者。他常说的一句话是："天赋是上帝赐予的，要谦虚；名声是别人给的，要感恩；自负是自己给的，要小心。"这对领导者来说是很好的警示。

可教性

有才能的领导者往往意志坚强、自信满满，这些都是很好的品质。然而，天赋也会让人变得固执，要教导一个不愿意改变、没有学习欲望的人是很困难的。你不能浪费时间去培养一个不愿意学习或进步的人。

在你培养潜在领导者的过程中，要注意观察他们是否有抗拒可教性的迹象。我发现可教性的发展是分阶段的，你可以观察新的领导者处在哪个阶段。我们一起来看看吧。

（1）他们不寻求建议。

（2）他们不需要建议。

（3）他们不反对建议。

（4）他们听取建议。

（5）他们欢迎建议。

（6）他们会积极寻求建议。

（7）他们听从他人的建议。

（8）他们赞许他人的建议。

看看你正在培养的新领导者，他们处于什么阶段？理想情况下，你希望他们都能达到第 8 阶段。但是，如果你不能让他们至少达到第 3 阶段，即他们不反对别人的建议，你也许就应该停止培养他们。

对于不善于被教导的领导者，最好的办法就是直接与他们谈及此事，指出他们表现出缺乏可教性的具体事例，解释他们需要变得多么乐于学习才能得到你的培养，并要求他们做出改变，让他们知道你会对他们负责。

成熟

多年前，专栏作家安·兰德斯（Ann Landers）写过一篇关于成熟的文章，她将成熟描述为具有耐心、毅力、自控力、诚信、责任感和可靠性。它是一种勇于认错、信守承诺、敢于做出决定和坚持到底的能力。最后，她仿照《宁静祷文》（*Serenity Prayer*）写下这段话：“成熟是与我们无法改变的事物和平相处的艺术，是不惜一切代价改变应该改变的事物的勇气，是可以区分以上两者的智慧。”

无论年龄大小，这些品质都是可以培养的。我见过很多年轻人，他们很早就拥有了成熟的品质。我也认识很多缺乏这些品质的老年人。培养者要以身作则，重视并奖励这种成熟，以培养领导者。

正直、真实、谦逊、可教性和成熟为建立强大的领导力奠定了坚实的基础。如果领导力培养过多地关注领导的方法，而对领导者自身的坚实内核关注不够，那么结果可能是肤浅的、昙花一现的。通过与脚踏实地的人一起工作，并加强这种脚踏实地的精神，你可以深度参与，培养出无论面对什么都能内心强大的领导者，这一点非常重要。我曾听退役的美国橄榄球联盟（NFL）教练托尼·邓吉（Tony Dungy）说过：“当你为胜利而战的时候，你会把不可靠的人放在重要位置上吗？答案是否定的。”当领导者脚踏实地时，你就可以依靠他们。

2. 展现天赋（Gifted）——利用自己的长处做好领导工作

先天不足无法弥补，能力决定潜力。领导者的天赋是他们成长和成功的第一步。教练界有句老话：无法补足上帝遗漏的东西。我的传奇教练朋友卢·霍尔茨（Lou Holtz）曾在一次午餐会上调侃道："我教过优秀的球员，也教过糟糕的球员。有了更好的球员，我才是更好的教练。"我认为这对任何领导者来说都是如此。团队中的领导者越有天赋和才能，团队就越有可能取得成功。

优秀的领导者会充分利用自己的天赋，他们能利用自己的长处进行出色地领导，培养他们的人也知道这一点。说到天赋，永远不要把重点放在培养弱点上，要始终专注于发展自己的优势。

为什么天赋如此重要？

天赋带来优势——不要让他们滥用优势

有天赋的领导者比别人视野更广，更有前瞻性。当问题还在遥远的地平线上时，他们就能发现。他们能在别人察觉之前想到解决方案，他们的直觉往往会为决策提供依据。所有这些都为他们带来了明显的优势。

> **每天，与你共事的每一位领导者都应该问自己："我是在为自己，还是为他人使用我的天赋？"**

在培养有天赋的领导者时，你需要帮助他们明白，他们应该利用自己的天赋来推动团队和组织的发展，而不是为了个人利益。每天，与你共事的每一位领导者都应该问自己："我是在为自己，还是为他人使用我的天赋？"如果他们还没有这样的想法，你就需要教给他们。

天赋带来机会——不要让他们错失良机

凯文·霍尔（Kevin Hall）在《改变的力量：决定你一生的 11 个关键字》（*Aspire: Discovering Your Purpose Through the Power of Words*）一书中写道："我认为，高效的人才不是问题型人才，而是机会型人才。机遇（opportunity）的英文词根是港口（port），意为从水路进入城市或商业场所的入口。在早期，当潮汐和风向合适并且港口开放时，人们可以进入港口经商和参观，或者入侵和征服。但只有那些认识到开放的人，才能利用开放的港口或机会。"

当你培养领导者时，你需要让他们在今天就做好准备，以便在未来通过他们的天赋抓住机遇。这一点很重要，任何人都不应该等到机会来临时才开始准备，因为那时已经太晚了。一旦有机会，我们就要抓住它。让领导者做好准备，并帮助他们利用自身优势推动团队发展。

天赋需要谦逊——以身作则并期望他们谦逊

你是否曾收到过来自爱你的人的特别礼物？也许童年时的某个生日或节日，你会因为收到父母送给你的礼物而记忆犹新；也许你的兄弟姐妹或好友送了一份很棒的礼物，也许你的配偶在结婚纪念日或其他特殊时刻送了一件非同寻常的礼物。这让你感觉如何？感激？激动？谦卑？

不要将天赋和能力视为理所当然，因为它们是一份礼物。任何与生俱来的天赋和能力，都不是我们辛苦付出而得来的，因此我们不能心安理得地接受，而应该心怀感激，充分利用它们。同时要记住，天赋和能力是一份礼物，我们应该保持谦逊。

正如我的导师顾问弗雷德·史密斯所说："天赋高于人本身。"他告诉我，我因天赋而获得的成功，高于我本人的能力。他说，作为一个有信仰的人，我应该感激上帝赐予我天赋，这让我做了很多我做不了的事情。

作为领导者，要保持正确的观点，树立谦卑的榜样。如果你培养的领导者失去了正确的观点，也要帮助他们获得正确的观点。他们的天赋为他们打开了大门，他们的辛勤工作会让这扇门一直敞开。他们走过这扇门，是为了服务他人，而不是服务自己。

天赋需要责任感——帮助他们接受它

在我成长的过程中，父亲经常对我说："天赋越高，责任越大。"这种充分利用天赋的责任感成了我人生的一部分。科学家兼教师乔治·华盛顿·卡弗（George Washington Carver）在 1915 年说过："任何人来到这个世界，或者离开这个世界，都有义务为自己曾经体验过这个世界留下明确而合理的理由。"这句话对所有人都提出了很高的标准，但我认为对领导者的标准更高，因为他们往往拥有更高的天赋，有可能产生更大的影响。

鼓励你的领导者负起责任，最大限度地发挥他们的天赋，并利用他们的天赋来改变现状，不仅为你的团队和组织，也为更多的人。优秀的领导者可以让世界变得更美好。他们越是善用自己的天赋，就越能产生积极的影响。

3. 不断成长（Growing）——拥有不断学习和发展的渴望和能力

如果一个领导者拥有不断学习和发展的渴望，那么他已经在成长。因为我们讨论的是培养领导者，所以成长模式是至关重要的。理想的情况是，你要培养的领导者已经在成长，并且了解成长的过程。如果不是这样，你就需要帮助他们达到这个目标。

你需要帮助领导者的最重要的成长领域是他们的思维方式，这是成功者与失败者的区别所在。这两种人的思维方式存在差距，在培养他们的过程中，要培养他们在以下这些方面的思维方式。

帮助他们更好地思考

领导者永远不能坐视不管，让别人替他们思考。优秀的领导者是积极主动的，他们接受新的想法和新的做事方法，会考虑文化、士气、时机和势头等无形因素，钻研细节，但始终胸怀全局。他们能迅速判断形势，并根据所掌握的信息和直觉做出决策。所有这些行动都需要良好的思维。

当你开始培养领导者时，你能做的最重要的事情就是帮助他们培养思考能力。首先要让他们知道你在想什么以及为什么这

当你开始培养领导者时，你所做的最重要的事情就是让他们知道你在想什么以及为什么这么想。

么想。我已经建议过你把他们带到会议桌前，让他们参与会议和讨论，这样他们就能了解你和其他高层领导是如何思考的。他们接触优秀的思考者越多，运用所学知识的实践越多，他们的思维就会变得越好。

鼓励他们想得更长远

大多数人都目光短浅，优秀的领导者不能这样。为了愿景和团队，他们需要扩展思维。正如作家兼教练大卫·施瓦茨（David J. Schwartz）所说："就成功而言，衡量人的标准不是身高、体重、大学学历或家庭背景，而是思维的大小。我们思维的大小决定了我们成就的大小。"

帮助你培养的领导者拓展思维，向他们提出挑战，要求他们扩展自己的抱负。人们通常会提高到信任他们的领导者所期望的水平。向你的新领导者展示你对他们的信任，推动他们将这种信任传递到他们所领导的人身上。在信任的加持下，他们的能力会水涨船高。

要求他们创造性地思考

我所知道的最优秀的领导者都能跳出框架思考问题。他们不会简单地遵循既定路线，而是会重新描摹蓝图，寻求多种选择。他们不仅相信每个问题都有解决方案，而且相信有多种解决方案，并努力寻找最佳方案。

你在培养领导者的过程中，要帮助他们培养创造性思维能力，鼓励他们突破可能的极限，促使他们以新的方式看待老问题，并要求他们在所领导的团队中发挥创造力，这样他们就能做到创新和高效。

希望他们以人为本

随着领导责任的增加，压力也在增加。在压力环境下，一些领导者开始忘记人的重要性，转而关注结果和制度，把一切都与净利润挂钩。但领导力始终与人有关，如果没有人的参与，那么你所做的就不再是关于领导力。如果你所做的事情不能造福人群，那么你就失去了作为领导者的方向。

无论领导者爬得多高，无论他们的责任有多重，无论他们的组织规模有多大，无论他们取得了多大的成功，人始终是最重要的。优秀的领导者总是首先考虑人，考虑如何为他们创造价值。在培养领导者的过程中，要确保他们接受并不断践行这一信念。

成功的领导者为后来者铺路

作为一名领导者，我最大的乐趣就是培养其他领导者。今天，我已经 75 岁了，但我仍然一如既往地为此感到兴奋。约翰·维雷肯（John Vereecken）是我二十年前邀请来的领导者之一，我第一次见到约翰是在 2000 年，当时他 35 岁。他原籍是密歇根州，但自 1985 年以来，他和妻子卡拉（Karla）

一直在墨西哥生活和工作。没过多久，约翰就意识到拉丁美洲的领导力文化与他在美国长大时的文化大相径庭。美国人抱着敢作敢为的态度，相信自己能完成任何事情，而拉丁美洲的人往往比较谨慎。而那些想做领导的人则通过努力获得了权力地位，从而可以对他人发号施令。约翰想尝试改变这种状况。他梦想帮助墨西哥和拉丁美洲其他国家的人们接受一种领导模式，即领导者为人们创造价值，鼓励他们并赋予他们权力，帮助他们成长和成功。

约翰说，他读过《领导力 21 法则》和《团队领导力 17 法则》（*The 17 Indisputable Laws of Teamwork*），这些书让他意识到自己可以成为一名更好的领导者，而且任何人都可以学会领导。仅仅通过与约翰的交谈，我就看到了他身上的巨大潜力。他已经做了很多，我想帮助他。于是，我说："我允许你把这两本书翻译成西班牙语，然后到拉丁美洲任何你想去的地方教书。"我还主动提出，每年为他和他手下最优秀的领导者讲授一次领导力课程。

约翰后来承认，当我说他可以使用我的教材教授领导力时，他想："他认为我们能做到吗？"他不知道自己能做成什么样，但他愿意去做。不久之后，他在洪都拉斯的圣佩德罗苏拉教授"21 条法则"，他开始得到来自企业、政府、教育界和教会的人的肯定。他们意识到，领导力不是地位和权力，它是影响力，可以用来帮助他人。

看着约翰成功地培训了拉丁美洲各地的领导者，我花了更多的时间和他在一起，给他建议、培养他。当我的非营利组织 EQUIP 准备开始在中美洲和南美洲培训领导者时，你知道我找了谁来帮助我——约翰。他的组织 Lidere 与 EQUIP 一起促成了 50 万人的领导力培训，我将继续与他合作，他对约翰·麦克斯韦尔基金会在危地马拉、巴拉圭和哥斯达黎加的活动做出了重要贡献。如今，约翰负责监督我在拉丁美洲所有非营利组织的领导力转型项目。

我请约翰谈谈他对我们之间互动的看法，他是这样说的：

当我还不知道什么是领导力时，你就相信了我。我想："你知道自己在做什么，如果你认为我可以，那我想我也可以。我不想让你失望。"

你在很多方面培养了我。你把你的平台借给了我，为我打开了我从未有过的机会之门。你通过电话、晚宴，并利用飞机上和活动后台的时间对我进行指导，为我答疑解惑，分享领导智慧和实践经验。你给了我领导的机会，让我领导拉丁美洲的几项大型活动，这迫使我不得不提高自己的领导力。当你与一个国家的总统或台下观众交谈时，能为你翻译是我一生中加速发展的最大机会。此外，在贵公司的领导力文化中与人交流和工作，也为我提供了在领导力和人际交往技能方面成长的机会。

约翰所描述的就是被邀请参加领导力会议并得到发展的过程，我不希望你们错过这一点。约翰是带着他的技能和抱负来参加会议的，他希望得到帮助。他体验到了会议桌的活力。尽管他住在墨西哥，我们只是偶尔见面，但他从仅有的几次近距离接触中受益匪浅。他还获得了领导的机会，并欣然接受。他非常出色，是一位真正的 3G 领导者。

你可以做同样的事情，从你所在的地方开始培养领导者。你只需要知道培养领导者的目标是什么，以及你要瞄准的目标是什么。

福来鸡公司负责高绩效领导力的副总裁马克 · 米勒（Mark Miller）在寻找和培养领导者方面有着丰富的经验。他说：

> 我在想，作为一名领导者，我们有多少次未能明确目标。我想了想，在我的领导工作中，有多少次是失败的……其中有多少次可以直接或间接地归因于目标或目的不明确？
>
> 有很多事情领导者是不能为他们的员工做的。但是，清晰的意图永远都不能缺少，人们必须始终知道自己想要实现什么目标。

你可以亲自培养员工脚踏实地、展现天赋和不断成长，使他们成为 3G 领导者。你不需要成为专家，也不需要经验丰富。我第一次尝试培养人才的时候才二十几岁，虽然我已经尽力了，但做得并不好。我没有放弃，而是继续培养人才，从小事做起，越做越好。我只是不断地邀请人们坐到“领导桌”前，与他们一起工作，并培养他们。你也可以这样做。

行动步骤

1. 告诉你正在培养的所有领导者，你想和他们每个人都单独坐下来谈谈他们的核心价值观，因为你希望他们事先明确自己的价值观。见面时，请他们明确自己的价值观，说说为什么选择这些价值观，以及这些价值观对他们意味着什么。征求他们的同意，让他们对这些价值观负责。如果其中不包括正直、真实、谦逊、可教性和成熟，请解释你为什么高度重视这些价值观，并询问他们是否也认可这些价值观。如果他们拒绝，就让他们知道你无法把他们培养成领导者。如果他们同意，那么就开始关注他们是否坚持了自己的价值观，如果做得不够，就与他们一起努力。

---

2. 确定你要培养的领导者的优势和天赋。请他们做一些评估可能会有帮助，比如优势发现者（Strengths Finder）或正确之路（Right Path），然后与每位领导者坐下来讨论这些优势，看看他们是否同意或有其他你没有发现的优势，同时也请他们找出自己的弱点。如果他们没有自我意识，你可能需要帮助他们培养这种品质。

---

3. 制定一项计划，让你的领导者去完成那些属于他们的强项、依赖他们天赋的任务。当他们完成每一项任务时，讨论他们的表现如何，共同确定他们的表现是否符合你所认为的他们的长处和短处，或者是否需要重新评估。

---

4. 要求你的领导者阅读书籍，并与他们集体讨论，从而应用他们学到的经验。此外，给予他们每个人一定的挑战，制定个人成长计划，发展他们自己的优势，帮助他们成为更好的思考者。推荐并提供书籍、播客、研讨会或课程资源。

第 8 章

赋能新领导者

作为领导者，你所能做得最有价值的事情之一，就是让你培养的领导者发挥出他们的潜能。

如果你知道盖洛普公司（Gallup）关于员工离职率的统计数据，那么你可能会认识到，当今大多数的在职员工都没有充分发挥自己的潜能。为什么？因为他们觉得自己没有找到合适的工作，没有发挥自己的优势，也没有工作兴奋感。如果你赋能的人都是领导者，他们能帮助所领导的人发挥潜能，那就会产生倍增效应。

给他人赋能的能力从何而来？它主要基于赢得尊重、建立关系和提供赋能环境。如果你已经做到了前面七章所讨论的一切，你就赢得了尊重，树立了领导威信。你已经与你所培养的人员建立并发展了关系。现在，你需要创造一个赋能的环境，让你的新领导者越来越多地发挥领导作用。

安全感是赋能的前提

在向你展示赋能环境之前，我需要向你解释关于你和你打算赋能的新领导者之间的关系。如果你想与员工保持长期的职业关系，并不断增强他们的能力，你必须赢得他们的尊重和喜爱。如果与你共事的人尊重你，但不喜欢你，他们会一直与你共事，直到找到他们尊重和喜欢的领导者。另一方面，如果他们喜欢你但不尊重你，他们可能会成为你的朋友，但不会追随你。因此，培养这两点对你赋能的权威至关重要。

> 只有有安全感的领导者才会赋能他人。

《领导力 21 法则》中的“赋能法则”（Law of Empowerment）指出：只有有安全感的领导者才会赋能他人。作为一名领导者，我可以对与我共事的人采取两种态度：试图用我的能力打动他们，或者通过帮助他们完成分内之事来完成赋能，但不能同时做到这两点。如果你让自己的不安全感控制你，你就无法赋能别人。为什么？缺乏安全感的领导者希望成为一切的中心，他们认为自己是不可或缺的，他们喜爱这种令人难以置信的情感回报。他们把一切的成功都归结为自己，他们所做的一切都是为了维护自己的权力，而不是将权力拱手相让。要想成为一名为人们赋能的领导者，你必须利用所拥有的权力来帮助你培养的领导者实现他们的梦想。

鲍勃·伯格（Bob Burg）和约翰·大卫·曼恩（John David Mann）在他们的著作《不是关于你》（*It's Not About You*）中向缺乏安全感的领导者分享了一个消息：

> 你不是他们的梦想，你只是这些梦想的管理者。而领导者往往会弄反，认为他们不仅掌握着别人最好的一面，而且他们就是最好的……
>
> 当你开始认为这一切都与你有关，你就是核心所在时，你就失去了积极影响他人生活的能力。

这也是你失去赋能他人成为更好的领导者能力的时刻。

安全型领导者重视他人，首先考虑的是他人。他们不会将自己置身于大局之外，他们只是扮演了一个不太明显的角色。他们帮助他人变得更加突出，因为他们认识到这些人是团队或组织成功的关键。安全型领导者也不必每次都是赢家，他们希望他人获胜，因为新的领导者、团队和组织就是这样获胜的。

最伟大的领导者未必是那些做了最伟大事情的人，而应该是赋能他人去做伟大事情的人。

最伟大的领导者未必是那些做了最伟大事情的人，而应该是赋能他人去做伟大事情的人。为此，领导者需要愿意放弃中央舞台，放弃被他人需要的欲望。而且，当他们赋能的人成功时，他们需要为之欢呼，而不是因此感受到威胁。他们需要认可他人的胜利，庆祝其成功。这才是有安全感、有亲和力的领导者应该做的。

创造一个赋能环境

作为一名领导者，你可以帮助员工奋发向上、不断成长、发挥潜能。如果你所在的组织重视并提倡赋能，那么你可能会发现创造这样的环境相对容易，因为它已经成为组织文化的一部分。但是，如果你的组织没有这种积极的文化，你仍然可以通过在团队中促进和推动赋能，努力为领导者创造上升空间。

看看赋能环境的六个特征，记下其中有几个描述了你的组织或团队，并思考如何在你领导的组织中促进这些特征。

1. 赋能型环境拥抱每个人的潜能

大多数人生活的局限主要是自我期望值过低，他们没有意识到自己身上蕴藏的可能性。优秀的领导者会创造环境，让他们所领导的人认识到这些美好的可能性，这是最好的开端。

我第一次在阿肯色州（Arkansas）本顿维尔小镇（Bentonville）的沃尔玛（Walmart）总部演讲时，当我走进一间大会议室，我在门口读到了这样的话："穿过这些门，平凡的人将成就非凡的事业。"这是一个赋能型环境所倡导的心态。

特拉奇·莫罗（Traci Morrow）是我喜欢的鼓励型和赋能型领导者之一。她是一名非常成功的企业家，多年来一直是麦克斯韦尔领导力认证团队的成员，最近还成为我们组织的成长计划指导员之一。特拉奇最近给我发了一封信，感谢我对她的鼓励。她写道："我亲身体验了被人鼓励的感觉。你一直都很重视我，以最高标准要求我（多年来我一直见你要求别人这么做）。也许我并不总是以满分的标准来要求自己，但你从未把我看得比别人差。这激励着我向着这个目标奋进、思考、行动和成长。我感到自己既被信任，又被培养着不断超越自我。反过来，我也想为那些我有幸指导过的人这样做。"

特拉奇深刻理解赋能环境所带来的巨大能量，并致力于为其团队成员营造这样的氛围。大多数优秀的领导者关注提升自我的潜能，而赋能型领导者还致力于提拔和培养员工，希望他们能在做好本职工作的同时，不断追求更高的成就。这与亨利·福特（Henry Ford）的观点形成了鲜明对比，他曾抱怨说："我原本只是想雇用一双手，结果却来了一个人。"

赋能的重要性远胜于仅仅训练人们来完成日常工作。它鼓励人们全身心地投入，帮助新晋领导者认识到自己的潜力，坚信他们可以实现自己的目标，并激励他们不断追求卓越。

2. 赋能型环境给予团队成员自由

要让他人展翅高飞，首先必须给予他们自由翱翔的空间。如何帮助他们获得这种自由？关键在于减少不必要的规章制度和官僚作风。20世纪90年代，诺德斯特龙（Nordstrom）商店因其给予员工自主帮助客户的自由而闻名。他们的座右铭据说是："在任何情况下都要依赖自己良好的判断力，除此之外别无他法。"这正是诺德斯特龙客户服务享有盛誉的秘诀所在。

我曾听过这样一句话："在拆除栅栏之前，先问问为什么要把它放在那里。"所有的领导者都渴望扩大自己的领地。在你的领导者周围，是否有一些"栅栏"曾经对他们有所帮助，但现在却成为他们前进的障碍？它们是什么？是否有可以铲除的限制？是否有曾经有效但现在不再有效的计划可以取消？是否有一些已经过时的组织程序需要放弃？是否有一些政策阻碍了领导者的发展，而没有赋予他们前进的动力？你需要愿意废除阻碍领导者前进的"无用的"计划、程序或政策。正如彼得·德鲁克所说："尸体的气味不会因为你把它留在身边的时间越长而变得越好。"

领导者若创造了赋能型环境，会给予新领导者和团队成员自由，让他们能够独立思考，按照自己的方式尝试做事情，并分享自己的想法。这是培养领导者的最佳方式之一。重视赋能的组织需要的是有创造力的领导者，而不是"克隆出的"领导者。赋能型领导者知道，如果他们不给员工设限，团队的未来就不会受到限制。

3. 赋能型环境鼓励协作

赋能型环境不仅仅能达成协作，还能促成愉快地合作。在我所经历的环境中，最具合作精神的是皮克斯动画工作室，这是由艾德·卡特姆（Ed Catmull）多年精心经营的动画制作公司。

> 如果我们一开始就抱着这样一种态度，即不同的观点是加分项，而不是竞争，那么我们就会变得更有效率，因为我们的想法或决定会在这种讨论中得到磨练和调整。
>
> ——艾德·卡特姆

在《创新公司》（*Creativity, Inc.*）一书中，他描述了皮克斯的每一个部分是如何以赋能员工和鼓励合作的理念来领导的。

他这样描述自己的思维方式："如果我们一开始就抱着这样一种态度，即不同的观点是加分项，而不是竞争，那么我们就会变得更有效率，因为我们的想法或决定会在这种讨论中得到磨练和调整。"

鼓励团队成员和新领导者之间的协作，可以有效减少各自为政和地盘争夺的现象，进而促进创造力和创新能力，构建一个更为积极且赋能的工作环境。在第 10 章中，我将对此进行更深入的探讨。

4. 赋能型环境提升责任感

给予领导者行动的自由，却忽略让他们对自己的行为负责，这会导致混乱。权力和责任必须相辅相成。正如领导力作家肯·布兰佳（Ken Blanchard）所说："赋能意味着你有采取行动的自由，也意味着你需要对结果承担责任。"

当我们赋予领导者自由时，我们也必须让他们明白，他们承担着取得成果并保持一贯性的责任。有些人认为公信力是通过一次表现就能获得的，然而实际上，它需要我们不断在日常的每一项工作中展现一致性。新领导者必须意识到，他们永远都不能置身于无须再对他人负责的境地。当人们承担起责任时，他们总是能够表现得更好。

5. 赋能型环境赋予领导者所有权

领导责任至关重要。让人们承担责任会激发他们接受这份责任。然而，还有更高层次的责任感——归属感。当你给予领导者对工作、项目或任务的自主权时，他们会全力以赴地去完成任务。他们专注于达成目标，无时无刻不在思考自己所肩负的责任。他们无须他人的督促便能自发地追求卓越。不达目的他们不会停止努力，因为他们感受到了主人翁的责任感。

如何评估你正在赋能的新领导者对工作的投入程度？你如何确信他们已经达到了这种投入程度？你不再对他们的行动产生疑虑，也不再担忧他们是否能完成任务。你晚上会睡得安稳，因为你明白，真正拥有这份工作的领导者才会为此夜不能寐。这需要时间，但你必须给予他们自主权，他们才能做到这一点。

6. 赋能型环境奖励成果

你知道什么总能成功吗？那就是得到奖励。在当今文化中，每个人都会因为自己的努力而获得奖励，但这种观念有时会被忽视。创建赋能环境的领导者会奖励那些有成果的人。重视每个人当然是好的，也是对的，赞扬努力总是好事。然而，奖励应当给予那些真正有成效的人。正如英国前首相温斯顿·丘吉尔（Winston Churchill）所说："我们仅仅做到最好是不够的，有时我们还必须做到所要求的事。当奖励给予那些富有创造力的人时，他们会感受到自己被赋能。"

利用"10%—80%—10%"方法赋能

我将开发的最佳赋能方法称为"10%—80%—10%"，这是一种为领导者的成功奠定基础的方法，能够让他们发挥出高水平，并确保他们取得胜利。这真的很有价值，因为领导力就像游泳，它不是通过书本就能学会的，只有经过实践才得以真正成为领导者。一个赋能型领导者会给他们机会去实践。

> 领导力就像游泳，它不是通过书本就能学会的，只有经过实践才得以真正成为领导者。

我建议你在培养新领导者时，尝试这种"10%—80%—10%"的赋能方法，具体操作如下。

前面的 10%：帮助领导者

你可能听说过“结局好，一切才好”（all’s well that ends well）这句话，它是威廉·莎士比亚（William Shakespeare）戏剧的名字。就像这位剧作家在四百多年前创造的许多谚语一样，这句话也有其道理。但我也相信“开头好，一切才好”。作为一名经验丰富的领导者，我帮助与我共事的领导者有好的开始，这样他们就有很大的机会有好结果。我是如何做到这一点的呢？我首先让他们做五件事。

传达目标

在项目开始时，我会传达一些基本要素，让领导者知道他们需要做什么才能完成工作：

- **愿景**——项目的大脑。它告诉我们必须做什么。
- **使命**——项目的核心。它告诉我们为什么必须这样做。
- **价值观**——项目的灵魂。它告诉我们必须以什么样的精神来完成项目。

> 永远不要告诉人们如何做事，而是告诉他们做什么，他们的聪明才智会让你大吃一惊。
>
> ——乔治·巴顿

我没有传达的一点是工作必须如何完成，这取决于实际领导者。我相信乔治·巴顿（George S. Patton）将军的建议，他说：“永远不要告诉人们如何做事，而是告诉他们做什么，他们的聪明才智会让你大吃一惊。”

我希望我的期望是明确的，但我更希望我的领导者用创造力来实现这些期望。

提出问题，帮助他们制定计划

能促使领导者思考的事情莫过于提问。关于这个话题，我写过一整本书——《提问的智慧》(*Great Leaders Ask Great Questions*)，所以我不会在这里说太多。但至少我想强调一下我喜欢在项目开始时问领导者以下问题：

- **“潜力是什么？”**这个问题让他们意识到优势，而他们的回答也让我了解到领导者认为成功可能带来的好处。
- **“潜在的问题是什么？”**这个问题提醒他们注意缺点，他们的回答让我了解领导者的经验、看法和思维过程。
- **“你还有什么问题吗？”**我希望为领导者提供他们所需的信息和建议。
- **“我怎么能帮上你？”**我想让领导者知道他们得到了我的支持。此外，通过他们对这个问题的回答，我可以了解他们对我的依赖程度，以及他们渴望独立的程度。

具体任务可能还需要更多的问题，但你已经明白了这样做的目的是让你的领导者为胜利做好准备。

提供资源

如果他们没有完成任务所需的资源，你就不能指望他们取得成功。作为他们的领导，我一定要为他们提供需要的东西。他们需要更多的员工吗？他们需要额外的资金吗？我是否需要为他们联系另一位领导？我需要利用我的经验支持和帮助他们。

给予鼓励

我相信员工，而作为领导者，我的目标就是帮助他们相信自己。我鼓励领导者，并表明我对他们的信任，以帮助他们从问自己“我能做到吗”转变为问自己“我该怎么做”。为此，我提醒他们注意自己的优势和已经取得的成就。这传达了我对他们的信任，也给了他们成功的信心。

让他们掌握自主权

一旦我相信自己已经为领导者的成功做好了准备，我就会放手让他们去完成目标。同时，我鼓励他们发挥主人翁精神。我喜欢作家吉姆·柯林斯（Jim Collins）看待这个问题的方式，他在《再造卓越》（*How the Mighty Fall*）一书中写道：

> 错误的人和正确的人之间有一个显著区别，前者认为自己有“工作”，而后者认为自己有责任。每一个处于关键位置的人都应该能回答“你是做什么的”，这不是职位头衔，而是个人责任心的宣言。“我是最终对 x 和 y 负责任的人。”

我希望我的领导者把自己当作承担最终责任的人。

当然，有很多不同的方法可以让人们接受挑战。组织效能中心（Center for Organizational Effectiveness）创建了一个循序渐进的流程，我认为这是一个从新领导到有经验的领导的成长过程。请看他们列出的六级赋能。

第 1 级：调查。做报告，我来决定怎么做（最低水平的赋能）。

第 2 级：调查。报告备选方案的利弊和建议。

第 3 级：调查。让我知道你打算怎么做，除非我同意，否则不要做。

第 4 级：调查。让我知道你打算做什么，除非我说不，否则就做。

第 5 级：采取行动。让我知道你做了什么。

第 6 级：采取行动。无须进一步联系（最高水平的赋能）。

这有点教条，但可以让我们了解不同领导者可能达到的独立程度。理想情况下，你希望让有能力的领导者从第 4 级开始，并一路指导他们达到第 5 级或第 6 级。

中间的 80%：领导者发挥潜能的地方

领导力专家沃伦·本尼斯（Warren Bennis）曾说："领导力是将愿景转化为现实的能力。"一旦领导者获得成功并被赋予自由，他们会采取必要的行动来实现愿景。他们是如何做到的呢？以下是我的发现。

赋能型领导者会提出更多更好的想法

诗人詹姆斯·罗素·洛厄尔（James Russell Lowell）说："'创造力'不在于发现一件事物，而在于发现之后将其进行塑造。"最好的领导会提出一个好的观点，并鼓励团队成员对其进行补充。当你赋能并释放领导者的创造力和创新力时，他们就会取得更好的成果。

赋能型领导者能抓住机遇

有句老话说得好："商机永不失。当你踟蹰不前时，你的竞争对手就会抢先。"你的工作就是为你培养的领导者提供发光发热的机会，他们的工作则是抓住这些机会并取得成功。这就是他们推进组织愿景的方式，也是他们证明自己是领导者的方式。你不希望他们把精力浪费在争取机会上，而要让他们为充分利用你给他们的机会而奋斗。

赋能型领导者利用影响力

优秀的领导者运用影响力而非权威来推动工作。他们设定愿景，建立人际关系，服务他人，协助员工取得成绩，并在适当的时候向员工提出挑战，且采用说服而非压迫的手段。如果领导者请求你发声并施加影响，以协助他们完成工作，那么请积极响应，支持他们的努力，但最终要让他们独立完成任务。

赋能型领导者促进团队取得成功

优秀的领导者不会事必躬亲。相反，他们会花费大量时间去做促进工作，促进会议的召开、促进分歧的解决、促进问题的处理。为什么呢？因为他们明白，如果为员工之间的互动提供便利，而不是对员工发号施令或试图亲自处理每一件事，他们就能利用团队的最佳创意，激发最大的参与度，并获取每个人的最大努力。作家、演讲家兼沟通教练史蒂夫·阿杜巴托（Steve Adubato）说过：

> 在任何场合，出色的引导都是为了营造一个开放、轻松且互动的氛围，让所有的参与者都能够自由地提出问题、表达意见。引导技能并非天生，而是需要通过指导和实践来培养。因此，如果企业和其他组织的领导者希望他们的研讨会、培训班或员工大会获得成功，就必须致力于提升这种能力。

帮助你的领导者掌握引导技巧。我所说的“引导”是指：

- 引导是一种双向沟通的过程。
- 引导是一种互动式的对话。
- 引导是一种探索性的交流。
- 引导是一种传递信息和思想的途径。
- 引导是一种提出开放式问题的艺术形式。

如果引导工作做得出色，团队中的每个人都能发挥出自己的最佳水平。由于引导工作需要互动，这对领导者提出了挑战，要求他们根据员工当时的状况灵活地进行领导。这将有助于提升他们的领导力。

最后的 10%：结局好，一切皆好

当被赋能的领导者准备带领他们的团队向终点冲刺，完成他们一直以来努力的项目时，这正是再次加入的关键时刻。因为我希望他们取得成功，所以我会努力做到以下几点。

尽可能增加价值

在这个阶段，我会问自己一个问题："我还能为这项工作做出哪些额外的努力，以使我们更上一层楼或确保我们能走得更远？"如果有，我会毫不犹豫地去做。如果我能为团队的努力画上完美的句点，从而增加价值，我就会采取行动。我喜欢把这看作是锦上添花，这样做并不是要剥夺他们已经完成的所有工作，而是为了巩固他们的成果，更好地服务于我们的客户或顾客。

认可他们和他们的团队

心理学家威廉·詹姆斯（William James）说："人性中最深刻的本质就是渴望得到赏识。"我培养的领导者和他们的团队应该得到赞扬，我也想把赞扬送给他们。时机很重要，我会尽快表扬他们。这通常会在私下进行，因为当他们依然还在奋斗时，我就想认可他们。然而，为了最大限度地

> **人性中最深刻的本质就是渴望得到赏识。**
>
> **——威廉·詹姆斯**

表示认可，最好还是公开表扬，尤其是对新任领导者。

提出问题，帮助他们从经验中学习

在赋能领导者之后，我们可以为他们提供的最有价值的服务之一就是在赋能过程结束时向他们提问，帮助他们获得观点，并从成功和失败中吸取经验教训。以下是我比较常问的三个问题。

“你的经历是怎样的？” 太多的领导者在完成一项任务后，从未对他们所经历的过程进行评估。他们只是匆匆忙忙地去完成下一件事。不要让他们这样做，要促使他们停下来，思考并进行评估。如果事情进展不顺利，但他们却说一切顺利，我就会发现其中存在脱节，我需要帮助他们提高自我意识。如果事情进展顺利，但他们只看到了负面因素，我就会意识到我需要指导他们。最有价值的对话既能揭示好的一面，也能揭示不好的一面。

“你学到了什么？” 我希望领导者的每一次赋能经历都是一次学习经历。这个问题促使领导者从成功和失败中汲取经验教训。正如我常说的：经验不是最好的老师——经过评估的经验才是。

“下次你会怎么做？” 最后一个问题让领导者主动思考。他们开始计划如何应用所学知识，这是一个重要的成长步骤，有助于他们从“我很高兴这一切都结束了”转变为“我迫不及待地想再试一次”。

“10%—80%—10%”方法并不是万能的，也并非适合所有领导者。然而，这种方法对我非常有效。我建议你也可以尝试将它应用到你新的领导者身上，看看效果如何。如果你能够为他们设定一个明确的方向，让他们用自己的方式去实现目标，然后在后期帮助他们学习和成长，这对每个人来说都是有益的。

赋予领导者权力是一门艺术，如果你的个性不是特别外向、积极或具有鼓励性，那么你就必须努力创造一个赋能型的环境，让他们取得成功，表扬他们的成就，并给予他们荣誉。这是非常重要的，因为如果你不赋予领导者足够的权力，他们将无法充分发挥自己的潜能。

行动步骤

1. 作为领导，你的安全感如何？当你的同事或团队成员获得表扬和荣誉时，你是如何回应的？你会和他们一起庆祝并为他们喝彩吗？还是心怀怨恨？如果你怀有怨恨的情绪，你必须努力克服和化解这些情绪，成为一名赋能型领导者。反思为什么别人的成功会威胁到你。与在别人成功时表现积极的领导者交谈，了解他们的想法，必要时寻求心理咨询，学习如何支持、赋能团队成员和领导者。

---

2. 为你的团队成员创造一个赋能型环境。针对这种环境的每个特征，确定你将采取哪些行动来促进这些特征的实现。在制定计划时要尽可能具体。

- 发挥每个人的潜能
- 促进问责制
- 给予团队成员自由
- 让领导者拥有自主权
- 鼓励协作
- 奖励成果

---

3. 尝试对新领导者使用领导力赋能的“10%—80%—10%”方法。对于新领导者尝试的每个项目，都要做到以下几点：

前面的 10%

- 传达目标
- 提出问题，帮助他们制定计划
- 提供资源

- 给予鼓励
- 让他们掌握自主权

中间的 80%

- 观察他们的努力
- 鼓励他们
- 必要时指导他们

最后的 10%

- 尽可能增加价值
- 表扬他们和他们的团队
- 提出问题，帮助他们吸取经验教训

---

4. 花时间反思这次经历，评估领导者的表现和“10%—80%—10%”方法的有效性。
    - 你如何帮助领导者进一步发展？
    - 你能做些什么来帮助领导者在下一次取得更大的成功？
    - 你如何改变你的赋能方法使其得以提高？

第 9 章

调动领导者的内在动机

领导者经常询问的一个问题是："我该如何激励我的员工？"这个问题背后有其合理性。在任何领导者的团队或组织中，总会遇到一些似乎缺乏动力的员工，让他们行动起来并不容易。理想情况下，你所培养的领导者应该愿意接受挑战并采取行动。然而，即使是极具潜力的人也需要激励，我们每个人都能时不时地从激励中获益。

内在与外在动机

丹尼尔·平克（Daniel Pink）写了一本关于激励的好书，名为《驱动力》（*Drive*）。在书的开头，他讲述了一项实验，这是 1949 年心理学教授哈里·哈洛（Harry F. Harlow）和威斯康星大学的两位同事用猕猴做的。他们想深入了解灵长类动物是如何学习的，于是他们做了一个实验，给猴子们出了一道难题让它们去解。不过，这三位行为科学家却意外地发现了一些关于学习动机的现象。

当时，科学界将动机归因于生物需求或外部激励，认为内在的生物动机可以归结为对食物、水或性的渴望，外部动机则来自奖惩。但他们发现，实验中的猴子解开谜题只是为了享受完成谜题的过程。

平克说，哈洛的结论在当时是一个激进的观点，即灵长类动物，包括人类在内，在动机中拥有第三个驱动因素。完成一项任务可以带来内在的奖励，“猴子之所以能解开谜题，仅仅是因为它们觉得这是一件令它们高兴的事情。”

我想，任何一个因为喜欢完成任务而完成任务的人都会认同这一点的合理性。然而，平克却说，这些发现本应改变世界，但最终没有。更令人吃惊的是另一位研究者爱德华·德西（Edward Deci）的发现，他在二十年后做后续实验来衡量动机，在这些实验中，德西要求大学生解决难题。他用金钱奖励其中一些人，而另一些人没有奖励。平克写道：

人类的动机似乎与大多数科学家和公民的信念背道而驰。从办公室到赛场，我们都知道是什么让人们奋发向上。奖励，尤其是冷冰冰的现金会增强人们的兴趣、提高他们的表现。德西在此后不久进行的另外两项研究中发现，结果几乎与其相反。德西写道：“当金钱被用作某种活动的外部奖励时，受试者就会失去对活动的内在兴趣。”奖励可以带来短期的刺激，就像一剂咖啡因可以让你多坚持几个小时一样，但这种效果会逐渐消失，更糟的是，它还会降低一个人继续进行项目的长期动机……德西总结道：“一个有志于培养和提高儿童、员工、学生等内在动机的人，不应该把注意力集中在外部控制系统上。”

现在，让我们回到本章开始时提出的问题。当人们询问我如何激励员工时，我的答案是：我不会这样做。我不会强迫或操纵他人。相反，我尝试激发员工的内在动力，帮助他们发掘自身的驱动力。一旦他们发现了自己的内在动机，我会鼓励他们将这股动力转化为持续的热情。最终，我努力引导他们养成探索并利用自身内在动机的习惯。

如果你已经对你的领导者有了充分的了解，并且在领导会议中对他们的认知有了更深的洞察，那么你应该已经清楚他们重视什么，以及他们是如何受到激励的。如果他们还未能意识到这一点，那么作为他们的导师，你的任务就是帮助他们认识并利用这一点。

领导者的七大内在驱动力

丹尼尔·平克指出了推动人们前进的三个内在动机。不过在与人们交往数十载后，我总结了七种驱动人们前行的内在动力，其中三种与丹尼尔·平克的观点不谋而合。我相信，在协助领导者的过程中，你会察觉到每个人内心都有一两个这样的“火花”。你的任务就是发掘这些火花，并点燃它们。一旦你做到了这点，人们不仅会全力以赴，更会智慧地工作，因为他们所做的工作与他们的动力是相辅相成的。

1. 使命——领导者想要做他们生来就要做的事

迄今为止，我在人们身上看到的最强大的动机就是使命。当人类找到值得为之奋斗的事业时，他们就会精神抖擞，焕发活力。有了使命，人们“必须”做的事就变成了“想要”做的事。他们为事业而活，而不是为掌声而活。

不幸的是，许多人还没有发现自己的使命。因此，他们没有为比自己更伟大的东西而活。当人们认为没有什么是真正好的、正确的、值得为之奋斗和牺牲的时候，他们就会感到生活毫无意义，苍凉贫瘠。他们缺乏毅力和积极的自我意识，无论采取什么行动或做什么工作，都不会对自己有更好的感受，也不会提高自我价值。但是，当他们有使命感时，一切都会改变。

大约十年前，我读到佩吉·努南（Peggy Noonan）的一篇专栏，她在其中讲述了克莱尔·布特·卢斯（Clare Boothe Luce）和约翰·肯尼迪（John F. Kennedy）之间的一段对话。对话发生在1962年的白宫。努南说：

> 卢斯告诉他“一个伟人就是一句话”。领导力可以用一句话来概括，以至于你不必听到名字就知道是在谈论谁。“他维护了联邦的利益，解放了奴隶”，或者“他使我们摆脱了大萧条，帮助我们赢得了世界大战”。不言自明，他说的是林肯和罗斯福。
>
> 她想知道肯尼迪的这句话会怎么说。她告诉肯尼迪要集中精力，了解他所处时代的伟大主题和要求，并专注其中。

每当读到这样的文章，我都深有启发，便立刻反躬自省：“我的一句话是什么？”你也是这样吗？我自己的一句话是：“我为领导者赋能，领导者为他人赋能。为此，我努力成为变革的催化剂，帮助培养领导者改变他们周围的世界。”

你的一句话是什么？如果你已经知道并正在践行的话，那么你将能更好地帮助你的领导者找到他们的使命。以下这些问题可以帮助你们开启这一探索之旅。

- 才能（Talent）：你擅长做什么？
- 愿望（Desire）：你想做什么？
- 认可（Recognition）：别人说你做得好的是什么？

- 成果（Results）：你做了什么有成效的事情？
- 成长（Growth）：你在做事情时，哪些可以不断改进？

当领导者在回答这些问题的时候，答案可能只需要一句话、一个短语或几个词，并且当答案开始趋于一致时，它们就指向了使命。就比如说：如果领导者的才能和他们想做的事情不一致，那么他们还没有发现自己的使命。如果他们认为自己的才能并不是别人所说的那样出色，那么他们对自己才能的看法可能并不准确。如果他们不能在自己想做的事情上做得更好，那可能这就不是他们的使命。当天赋、愿望、认可和成长都一致，并且这些因素都得到他人的肯定和认可时，他们很可能就在做自己的命定之事。否则，他们就需要继续寻找。

作为领导者的培养者，你的责任就是引导他们完成这个提问的过程，并帮助他们诚实地回答问题。许多高管，甚至是组织最高层的高管，都没有看清自己。他们不了解自己的长处和短处，因此，他们找不到自己的目标。

2. 自主权——领导者希望自由掌控自己的生活

多年来，我有幸与世界各地许多直销组织的人员进行过交流。我总是乐在其中，因为他们的热情超出了我的想象。不同团体和地区的产品可能各不相同，他们生活和工作的国家的文化也可能独具特色，但他们都有一个共同点，就是他们热爱自由——自由选择自己的职业道路，自由决定自己的工作方式，自由决定自己的发展方向。比如说，当我访问一个过去人们很少有自由的国家时，如果他们有机会体验一定程度的自主权，那么他们肯定会抓住机会。然后，他们就会更快乐，更有生产力。

回顾一下美国的历史，你就会发现自由的力量。例如，历史学家约瑟夫·卡伦（Joseph P. Cullen）写道：

当英国人于 1607 年在詹姆斯敦建立定居点时，殖民地是在一种公共制度下运作的。在最初的几年里，约有一半的社区居民是绅士，他们通常是不工作的。

当约翰·史密斯（John Smith）成为集团总裁时，他注意到了《帖撒罗尼迦后书》（*II Thessalonians*）3:10 的内容，并制定了一条规则："不做工的人，除非因病致残，否则不可吃饭。"于是生产率一下子提高了。后来，托马斯·戴尔爵士（Sir Thomas Dale）接管了该集团，并规定有资格的个人可以拥有几英亩土地用于私人种植，当时的一本日记写道："我们从三十个人的劳动中收获的还没有现在三四个人自己提供的多。"

你看到其中的规律了吗？当人们可以自由做出选择并获得回报时，生产率会提高近十倍。

丹尼尔·平克在《驱动力》中探讨了自主权的力量。他引用了康奈尔大学对320家小型企业的研究，其中一半企业给予员工工作自主权，另一半企业则对员工进行自上而下的指导。你也许能猜到哪一组做得更好。但是，如果你发现提供自主权的企业的增长速度是其他企业的四倍，而员工流失率只有其他企业的三分之一时，你会不会感到惊讶呢？

我喜欢在生活中拥有选择权，并相信大多数其他领导者也是如此。当你的领导者已经证明他们能够独立工作时，就给他们更多的自主权，并观察他们的反应。

3. 人际关系——领导者希望与他人一起做事

> **伙伴关系原则：合作会增加共赢的概率。**

我人生中最大的乐趣之一就是与重要的人一起做重要的事。在《与人共赢》（*Winning with People*）一书中，我写到了“伙伴关系原则”（Partnership Principle），并提到合作会增加共赢的概率。而且我还想说的是，一起工作增加了工作的乐趣。

我无法想象没有他人的生活，团队合作确实可以让梦想成真。人际关系激励着我，我相信大多数优秀的领导者都是如此。此外，我相信，当我们为伟大的事业献身，并相信它有可能带来改变时，个人的转变就会到来。当我们找到自己的团队，与他们携手并进，共同努力去实现我们无法掌握的积极影响时，这种转变就会达到一个全新的高度。

让你的领导者有机会与他们喜欢的人合作，鼓励他们与团队成员建立联系，鼓励他们在与他人共同努力实现目标的过程中寻找快乐。

4. 进步——领导者希望体验个人和职业成长

在我刚步入职场成为一名年轻的领导者时，一位导师曾对我说："将你的一生投入一项事业中，为之奋斗，为之奔波。"他这样说，可能是因为他看到了我一直努力，但很多时候似乎只是在原地踏步。实际上，只有当我们获得前进的动力时，我们才能取得真正的进步，而单纯的行动是远远不够的。

牵引力是指推动事物前进的力量。轨道代表了我们设定的目标和计划，而行动则是实际采取的措施。正如一句老话所说：即使我们踏上了正确的道路，如果仅仅停留在原地，最终也可能被车轮所碾压。因此，当我们沿着既定的轨道采取行动，我们就有了牵引力，进而可以到达目的地。

导师的话语引起我的共鸣，我一直享受着追求成就的过程。当我认识到进步源自成长时，我便将渴望成长与不懈的努力相结合，有意识地学习，且从未放弃。在职业生涯初期，我没有经历过什么突如其来的重大突破，我的秘诀就在于每天不断积累，稳步前进。

在本书中，我多次探讨了成长的重要性，因为这是大多数人将梦想转化为现实所必需的。你的领导者需要通过小步骤、定期且渐进的方式来成长，而你则需要帮助他们迈出这一步。他们可以遵循约翰·伍登的建议，他曾告诉他的球员们，要让每一天都成为他们的杰作。如果他们每天都能保持进步，日积月累，最终他们都将成就传奇。

5. 精通——领导者希望在工作中出类拔萃

对个人成长和职业发展的渴望，也就是对精通的渴望，它往往是激励许多领导者的另一个动力来源。没有人能够在不持续成长的情况下成为大师。持续成长并不能保证精通，但一个人如果不成长、不努力变得更好，就没有机会体验到在工作中取得优异成绩所带来的兴奋。正如NBA教练兼总经理帕特·莱利（Pat Riley）所说："卓越是不断追求更好的渐进结果。"

> 卓越是不断追求更好的渐进结果。
>
> ——帕特·莱利

当我在职业生涯中第一次担任正式领导职务时，我就意识到，只要我愿意，我无须付出太多努力就能获得成功。人们很自然地喜欢我，因为我很健谈，精力充沛，在公开演讲时尤其如此。比起努力工作，我更想一鸣惊人。不过工作几个月后，我做出了一个决定：不走捷径，不偷工减料。即使在别人建议我可以走捷径的情况下，我也不会。我将发掘自己追求卓越的激情，不断磨练自己的技艺。

要激发领导者对精通的渴望，并鼓励他们从精通中找到自己的灵感，就需要正确的心态。漫画家比尔·沃特森（Bill

Watterson）在他的经典漫画《卡尔文与霍布斯》（*Calvin and Hobbes*）中，让六岁的卡尔文说出了下面这段话：

> 我们不再重视工匠精神！我们看重的只是无情的效率，这样做的话，我们已经否定了自己的人性！没有对优雅和美丽的欣赏，就没有拥有它们的乐趣！我们的生活变得更加沉闷，而不是更加丰富！当技巧和细心被视为奢侈品时，一个人又怎能对自己的工作感到自豪呢？我们不是机器！我们需要手艺！

事实上，在这个例子中，虽然卡尔文是在为自己没有交作业而向老师找借口，但他所说的话仍然传达了这样一种思想：努力掌握知识就像培养工匠精神一样，需要时间和注意力。每一次工作的机会都是完善你技艺的机会。虽然这并不意味着你能够做到完美，你所领导的人也不能做到，但你仍然可以有意识地为之奋斗。

几年前，我去加州纳帕谷（Napa Valley, California）的法国餐厅吃晚餐，那是一次难忘的用餐经历。这家餐厅被誉为世界上最好的餐厅之一，一切都非常出色。餐厅环境优美，员工素质非凡，服务一流，菜肴更是令人赞不绝口。晚餐后，我们有幸参观了酒窖和厨房。当厨师们安静地工作时，我们意识到，我们看到的是最好中的最好。准备离开时，我注意到墙上挂着一个大钟，所有员工都能看到它。时钟下方写着“紧迫感”（Sense of Urgency），时刻提醒着他们要用心工作。

没有人能尽善尽美，我们都有不足，但追求精湛让我们不断进取、不断提高。以此为动力的领导者知道，他们虽然永远无法跨过完美的终点线，但一直在进步，并在追求卓越的过程中充满成就感。

6. 认可——领导者希望他人欣赏自己的成就

多年前，心理学家亨利·戈达德（Henry H. Goddard）使用一种他称之为“ergograph”的仪器对儿童的精力水平进行了研究。他发现，当疲惫的儿童受到表扬或称赞时，仪器测出他们的精力会立即激增；而当他们受到严厉的批评时，仪器测出他们的精力会立即显著下降。

戈达德的研究揭示了一个真理，这个真理不仅适用于儿童，也适用于每一个人，包括领导者，即每个人都渴望得到认可、赞美和欣赏。当你领导和激励他人时，千万不要忘记这一点。认可并赞扬他们的工作，让他们知道你欣赏他们的成就。

7. 金钱——领导者希望经济上有保障

我想谈的最后一个激励因素是金钱。电台喜剧演员弗雷德·艾伦（Fred Allen）说过：“有很多事情比金钱更重要，但它们都需要钱。”这句话很有趣。虽然很多人都把钱放在第一位，但我不这么认为。对我来说，它是所有激励因素排序最低的一个。

我确实认同财务自由是一个值得追求的目标。金钱能买到的最好的东西就是财务自由，它给了一个人选择的余地。但只有在你有足够的钱去得到你想要的东西之前，金钱才是一个强大的动力。当你实现了某些财务目标后，金钱的吸引力就会减弱——除非你有更好的计划。

一旦你实现了财务目标，我的建议是开始关注给予。当你体验到给予的喜悦，并树立起“用财富让自己成为一条河流而不是一个水库”的心态来帮助他人时，赚钱就会继续成为一股强大的动力。我认识的许多成功领导者都是这样看待他们的财务状况的。

哪些激励因素是相通的

在培养领导者的过程中，我们要了解这七个因素中哪些因素会激励他们，并利用这些因素来激发他们的潜力。我年轻时，曾经犯过一个错误，就是我认为我应该以自己希望被领导的方式来领导其他人。我把激励我的东西拿出来，试图用它来激励其他人。这大错特错了，因为他们不是我！我们如果用同样的方式领导每个人，是不可能成为一个好的领导者的，这实际上是一种挫伤积极性的做法。

通过了解激励领导者的因素并加以利用，你将激励他们不断成长和发展。首先要关注最能激励他们的因素，同时也要在你力所能及的各个方面激励他们：帮助他们确立自己的目标，给予尽可能多的自主权，与他们建立牢固的关系，帮助他们与他人建立良好的关系，为他们提供成长的机会和资源，鼓励和激励他们努力掌握自己的技能，提出表扬，并给予经济上的奖励。

从动机到习惯的转变

作为一名领导者，你致力于激发人们挖掘自身的内在动力，但研究人员指出，这样做有其局限性。为什么这么说呢？因为内驱力往往是由情绪驱动的，而情绪是无法长期持续的。《微习惯》（*Mini Habits*）一书的作者斯蒂芬·盖斯（Stephen Guise）说：

> 当刚开始一个新的目标时，你会很兴奋，也会有很强的动力去开始。但是，随着时间的推移，你的进步越稳定，总体驱动力就可能越低。因为习惯……
>
> 超级运动员的秘诀并不在于他们“动机超强”……真正能让精英脱颖而出的是，当他们感到无聊或疲惫时，仍能坚持训练。他们的作息时间和日程安排让他们保持最佳状

态……超级运动员不会让他们当下的动机水平影响训练安排，这就是他们成功的原因。

我喜欢把动机看作是冲刺的力量。问题是，要在任何事情上取得成功，包括领导力，我们都需要成为马拉松运动员。这种能力伴随着习惯的养成而来，这些习惯促使我们不断进步。

因此，首先要尽可能多地将你的员工与七种激励因素联系起来，帮助他们开始前进并产生动力。但同时也要教给他们积极的工作习惯，为他们的成功做好准备。多年来，我一直使用缩写“BEST”来做到这一点：

相信（Believe）他们。

鼓励（Encourage）他们。

向他们展示（Show）。

训练（Train）他们。

我们的想法是训练他们做正确的事，并帮助他们坚持不懈地做下去，直到成为一种习惯。人们的未来不是由他们自己决定的，而是由他们的习惯决定的。如果你能帮助你的领导者养成成功的习惯，他们

人们的未来不是由他们自己决定的，而是由他们的习惯决定的。

就会先做正确的事，然后感觉自己在正轨上，而不是等到感觉自己在正轨上才去做正确的事。他们通过做正确的事而形成的习惯，在一开始并不会形成动力，而越往后越能激励他们继续前进。他们做的正确的事情越多，技能就会发展得越强，也就会越喜欢自己所做的事情。正如作家约翰·罗斯金（John Ruskin）所说："当爱与技巧共同作用时，就会有杰作问世。"

最优秀的领导者和成就最高的人总是自我驱动的，他们工作是因为他们想工作，他们领导他人是因为这是有意义的，他们以工作为乐。作为领导者的培养者，你所能给予他们的最大礼物，就是帮助你所领导的人利用自身的内在动力，使他们每天都能领导和激励他人。自我激励可以帮助领导者把注意力从自己身上转移到所领导的人身上。

行动步骤

1. 如果你了解自己的动机，就能更好地理解领导者的动机。回顾本章中的七个动机，按照对你的重要性顺序从大到小排列。

（1）使命——我想做我生来就该做的事

（2）自主权——我想自由掌控自己的生活

（3）人际关系——我想与他人一起做事

（4）进步——我想体验个人和职业成长

（5）精通——我想在工作中出类拔萃

（6）认可——我希望别人欣赏我的成就

（7）金钱——我希望经济上有保障

你的答案让你对自己有了哪些了解？

____

2. 回顾你的每一位领导。根据你的观察，你认为他们的动机是什么？试着找出你认为的每个人的主要动机。

____

3. 与你的领导者交谈。提出七个动机，询问他们是否认为还有其他重要的激励因素不在此列。然后请他们将自己的个人动机从第一位排到最后一位。在此写下每位领导者的排名。

领导者	使命	自主权	人际关系	进步	精通	认可	金钱

4. 制定一项策略来帮助每位领导者发掘自己的动机，从最主要的动机开始。尽你所能帮助他们获得这种动机，并帮助他们养成习惯，使他们在精力或灵感枯竭时仍能保持投入和动力。

第 10 章

鼓励领导者以团队作战

什么样的领导者有力量？那就是一群积极进取、装备精良、能力出众的领导者。还有什么能比这更强大？那就是一群积极进取、装备精良、能力出众的领导者组成的一个团队！当优秀的领导者聚集在一起，得到同一个领导的赋能，专注于一个愿景，并作为一个团队一起工作时，几乎无往不胜。

如果你致力于成为一个人才的培养者，并坚持不懈地培养领导者，不管你是一次培养一个领导者，还是同步培养几个潜在的领导者，最终都会培养出一批领导者。为了让他们的发展更上一层楼，你需要把他们培养成一个领导者团队。但我要提醒你，这可能是一个挑战。为什么？因为领导者很难兼容，让他们一起工作也是一个挑战。他们都有自己的想法，而且通常宁愿做团队的领导，也不愿做团队的成员。但这是值得的，因为一个好的团队大于其各个部分的总和。

> 梦想是你心中一个让人心悦诚服的愿景，如果没有他人的帮助，这个愿景将无法实现。
>
> ——克里斯·霍奇斯

一个优秀的领导团队有成就伟大梦想的潜力。我的朋友克里斯·霍奇斯关于梦想的论述深得我心，他说："梦想是你心中一个让人心悦诚服的愿景，如果没有他人的帮助，这个愿景将无法实现。"这就是为什么任何心怀梦想的人都需要一个团队。

如果你有梦想，却没有团队，那么梦想是不可能实现的。

如果你有梦想，却没有一支优秀的团队，那么梦想就是一场噩梦。

如果你有梦想，并正在组建团队，那么梦想是有可能实现的。

如果你有梦想，也有一个好的领导团队，那么梦想就注定会实现。

如何创建领导团队

如果你想成就大事，同时培养你的领导者，那么你就需要挑战他们，让他们作为一个团队一起工作。为此，要做到以下五点。

1. 确保领导者的愿景保持一致

马库斯·白金汉（Marcus Buckingham）对团队进行了数十年的研究，专注于探究构成优秀团队的要素。经过多年的探索，他发现了所谓的高效能团队的八个关键因素。他将这些因素整理成一张图表，揭示了成功人士如何在与团队和个人需求相关的各个方面进行有效反馈。

“我们”的需要	“我”的需要
我对公司的使命充满热情	在工作中，我清楚地知道别人对我的期望是什么
在我的团队中，我周围的人都认同我的价值观	在工作中，我每天都有机会发挥自己的特长
我的队友是我的后盾	我知道我会因工作出色而得到认可
我对公司的未来充满信心	在工作中，我总是不断接受挑战，不断成长

我认为，白金汉的观点实际上是一脉相承的。在优秀的团队中，成员的个人目标、追求、价值观与组织及其他成员的这些方面是高度一致的。在白金汉图表上的每一个区域，你会发现优秀团队的成员都认同组织的宗旨，并将个人宗旨与之紧密结合。他们坚信，自己的价值观、优势与团队的是一致的，自己得到了组织和团队成员的支持，也看到了自己和组织的光明未来。每个人都站在同一起跑线上，朝着同一个方向努力。

这种协调一致并非偶然发生，而是由团队的领导者精心促成的。你需要通过有效的沟通，帮助你的领导者将愿景、团队以及他们自身的优势和愿望紧密联系起来。你还应该明确每位领导者的独特贡献，帮助他们理解其他领导者的付出，对领导者进行有针对性的指导，不断探索创造性和持续性的沟通方式。

2. 帮助你的领导者建立联系、相互关心

考察任何一个成功的团队，你都会发现它的成员彼此关心，拥有紧密的关系和情感纽带。这一点在军队的作战部队，特别是特种部队中尤其明显，如美国海豹突击队或英国突击队。团队成员在最极端的情况下为彼此而战，甚至愿意为彼此献出生命。即使在不那么极端的环境中这一点也很明显，比如体育比赛中的冠军团队，以及商业和志愿者组织中成绩优异的团队。

顾问保罗·阿诺德（Paul Arnold）分享了研究人员关于团队凝聚力影响的见解。阿诺德写道：

> 1993 年，来自凯洛格商学院和沃顿商学院的沙哈和耶恩研究了一组 MBA 一年级的学生。他们让每个人写下与自己最合得来的人，然后把一半人分成合得来的小组，另一半人则随机分配。在一系列测试中，不出所料，相处融洽的小组的成绩超过了其他小组。令人惊讶的是，在一项非常普通的

任务中，他们的成绩比其他小组高出20%；而在一项更复杂的任务中，他们的成绩比其他小组高出70%。当进一步调查时，研究人员发现了两个关键因素。第一个因素是团队凝聚力。在团结一致的团队中，相互之间的支持更多，这在第一项普通任务中尤为重要。在第二项更为复杂的任务中，另一个关键因素显现出来——争执。在没有建立情感联系的团队中，没有人真的想让别人不高兴，于是讨论是友好的，结果则是决策妥协。而在建立了情感联系的团队中，友谊让大家可以就内容进行真正的争论，而不会演变成人身攻击。因此，在这种良好的辩论中，团队做出了更好的决策。

总而言之，任何团队要想取得高水平的成绩，就必须（在情感层面上）更加紧密地团结在一起。

那么，如何才能促进团队中领导者之间的情感联系和纽带呢？这要从信任开始。这是建立联系、成长和团队合作的基础。杜克大学男子篮球队主教练迈克·克兹泽斯基（Mike Krzyzewski）建议说："如果你营造了一种沟通和信任的氛围，就会造就一种传统。老队员会在新队员面前树立起你的威信，即使他们非常不喜欢你，也会说你值得信赖，对我们这个团队尽心尽力。"当你能够奠定这一基础时，你就可以培养信任并开始建立情感联系。

帕特里克·兰西奥尼（Pat Lencioni）撰写了大量关于团队的文章，我喜欢他在《团队协作的五大障碍》（*The Five*

Dysfunctions of a Team）一书中关于信任的论述。值得信赖的团队成员之间有以下特征：

- 承认弱点和错误
- 寻求帮助
- 接受有关其责任领域的问题和意见
- 在得出负面结论之前，给予对方怀疑的空间
- 勇于提供反馈和帮助
- 欣赏并发掘彼此的技能和经验
- 将时间和精力集中在重要问题上，而不是钩心斗角上
- 毫不犹豫地提出或接受道歉
- 期待会议和其他作为团队一起工作的机会

在团队中关心他人的底线是给予比索取更多，这一点至关重要。如果你关心队友，你们之间有情感联系，你就会慷慨解囊。你会想方设法为团队和队友赋能，而不会只想着自己，只追求自己能得到的东西，甚至不惜牺牲其他团队成员的利益。

盖尔·毕比写了一本关于塑造高效领导者的书，见解独到。他以“现代管理学之父”彼得·德鲁克的见解为基础，在讨论组织中人们的行为及其对团队氛围和结果的影响时，使用了“贪婪”和“慷慨”这两个词。毕比写道：

贪婪会损害团队。贪婪本质上是无止境的，无止境地贪婪金钱和名利，最终会导致缺乏对他人的需求和抱负的尊重，因为我们自己的需求和抱负超越了所有正常的界限和期望。它对团队的腐蚀性特别强，如果出现在高级管理人员身上，贪婪就会摧毁整个组织。贪婪表现为过度需要赞誉、关注或报酬，还表现为无法与人分享。恶意和不思进取是这种内在驱动力的双重表现，它的根源是一种超越自我满足能力的无限渴望。

而另一方面，慷慨则能铸造团队。慷慨使我们能够给予和接受，因为我们不受金钱或名利的支配。慷慨也让我们能够以积极和持久的方式处理成败兴衰。

> **在团队合作中，沉默不是黄金，而是死亡。**
>
> **——马克·桑伯恩**

领导者团队彼此信任、相互联系、团结一致，他们付出的比得到的更多，这样才能相互沟通，并取得很好的成效。道路不一定总是平坦的，团队成员之间也不一定总是意见一致，但他们齐心协力，遇到问题能共同探讨，这一点很重要。正如我的朋友马克·桑伯恩（Mark Sanborn）所说的那样："在团队合作中，沉默不是黄金，而是死亡。"

作为一个领导团队的领导者，你有责任帮助每个人建立联系、相互了解并协同工作。当每个成员在专业和个人层面上都对自己和团队其他成员有信心时，团队就会开始更像一支队伍。团结的队伍才能够开疆拓土。

3. 确保领导者共同成长

团结团队成员并让他们拥有美好未来的最佳方法之一就是确保他们共同经历成长。几年前，我创造了一个缩写词“GROWTH”来为领导力团队的成员设计成长计划：

- （Give）创造成长环境。
- （Recognize）识别每个人的成长需求。
- （Open）开放成长机会。
- （Walk）在充满挑战的时刻与他们同行。
- （Teach）教会他们从每一次经历中学习。
- （Help）帮助他们为队友赋能。

让我们依次看看这一过程的六个部分。

为领导者创造成长环境

当我第一次意识到成长对于我本人和团队成员的重要性时，我就精心设想了什么样的环境能促进成长。以下是我对有利于团队成长的环境的描述。

- 别人领先于他们
- 他们不断接受挑战

- 他们关注未来
- 氛围积极向上
- 他们能够走出舒适区
- 他们兴奋地醒来
- 失败不是他们的敌人
- 其他人也在成长
- 人们渴望改变
- 成长是可预期的

为了促进团队中领导者的成长，我们需要努力营造一个上述有利于成长的环境。这首先需要你作为领导者以身作则，因为你可以在许多方面为他们提供支持和便利。你可以成为成长的榜样，走在领导者的前列；你可以期待成长，推动变革，向他们提出挑战；你可以要求他们勇敢地走出舒适区，并确保他们在一个安全的环境中失败；你还可以鼓励他们不断前进。当你能够做到这些，他们就更有可能在自己的岗位上发挥出色。

认识到每位领导者的成长需求

随着对领导者的深入了解、培训和培养，你已经明确了他们的优点和不足，并与他们讨论了他们的成长需求。接下来，你将进入下一个阶段。每年十二月，我都会邀请学员们分享他们希望在来年要成长的两个方面。通常，他们指出的领域与我观察到的领域基本一致。如果不一致，我们会进行讨论，最终目标是对未来一年的工作达成共识。

当人们在他们的发展中拥有发言权时，他们就更倾向于积极投入并承担起个人成长的责任。

让你的领导者参与这一过程，并对他们的成长愿望做出积极的响应，这将激发他们的积极性。你无法衡量动机，但是当人们在他们的发展中拥有发言权时，他们就更倾向于积极投入并承担起个人成长的责任。

为领导者开放成长机会

在与领导者合作并帮助他们成长的过程中，不能千篇一律。所有的领导者都是不同的，他们都有自己独特的背景、经历、影响力和观点。领导者的级别越高，其成长计划就越需要个性化。

在了解领导团队成员的成长需求后，我会与他们一起制定支持其发展的计划，并积极参与和帮助他们。例如，如果领导者需要在人际交往方面有所发展，我就会把他们介绍给那些能够帮助和拓展他们的人。如果他们需要更多的领导经验，我会交给他们一个项目，这个项目会促使他们在需要的地方成长。如果他们缺乏远见，我就给他们介绍相关经验和人才，以激发他们的梦想和追求。无论他们需要什么样的成长，我都会尽我所能，为他们提供机会，让他们结识更多的人、去更多的地方、接受更多的体验，从而满足他们的成长需求，帮助他们绽放光彩。

在充满挑战的时刻与领导者同行

据我观察，困难时期提供了最多的成长体验。为什么呢？因为挑战会促使我们寻求帮助、接受新思想并做出改变，从而帮助我们走出困境。当你的领导者经历挑战的时候，如果你愿意与他们并肩作战、共渡难关，你就可以为他们赋能。

我发现帮助年轻的领导者特别令人舒心，因为他们非常乐于接受帮助。我想让他们知道，他们并不孤单。当遇到困难时，我会给他们信心。当迷失方向时，我会为他们指引方向。无论他们问什么问题，我都会回答。我不仅能够帮助他们成长，而且我们之间的友谊也会愈加深厚，铭记终生。如果你把领导者遇到的困难看作是给予同情和帮助的时机，而不是告诫和纠正，那么你就能够帮助他们，并对他们的生活产生积极的影响。

教会领导者从每一次经历中学习

我相信每一次经历都能给我们带来一些启示。但是，有太多的人没有从他们的经历中吸取教训，因为他们只关注损失，而不是教训。为了帮助我的领导者脱胎换骨，我会把重点放在经验教训上。在第 9 章中，我介绍了如何对领导者个人使用“10%—80%—10%”方法，其中就包括事后提问，我跟团队成员也会这样做。在共同经历了一次积极或消极的经历之后，我都会教团队成员进行评估提问：“做对了什么？错在哪里？我们学到了什么？我们如何改进？”分享经验是领导者作为一个团队共同成长的绝佳机会，小组问答正有助于此。

帮助领导者为队友赋能

毫无疑问，领导者和成功人士往往具有很强的竞争意识，他们喜欢获胜。有时，作为团队领导者，你必须让那些习惯于单打独斗的人挑战团队合作。如果他们拥有所谓的“零和思维”，那就更是如此。Investopedia 对零和的解释深得我心：

> 零和是博弈论中的一种情况，即一个人的收益等同于另一个人的损失，因此财富或利益的净变化为零……
>
> 扑克和赌博是零和游戏的常见例子，因为一些玩家赢得的金额总和等于其他玩家损失的总和。只有一个赢家和一个输家的游戏，比如象棋和网球等，也是零和游戏……
>
> 零和游戏与双赢情况（如大幅增加两国贸易的贸易协定）或双输情况（如战争）相对立。

优秀的领导者会传达一个信念，即团队中的某位成员的成功并不意味着其他成员的失败。在任何情况下，团队成员通过各种方式为彼此的成长或增值提供帮助，不仅不会影响他们个人的利益，反而会使整个团队的价值倍增。已退休的 NBA 教练菲尔·杰克逊（Phil Jackson），这位曾以球员身份赢得两次 NBA 总冠军，又以教练身份赢得 11 次总冠军的传奇人物曾说，他的球队

> **狼群的力量在于每一只狼，而每一只狼的力量来源于整个狼群。**
>
> **——菲尔·杰克逊**

有一个赛季以这句话为座右铭："狼群的力量在于每一只狼，而每一只狼的力量来源于整个狼群。"这正是你应当向领导者团队成员灌输的观念。他们需要认识到，只有当所有人都取得成功时，才是真正的胜利。

4. 让领导者相互补充、相互完善

我曾有幸与约翰·伍登教练一起指导培训，这令我印象深刻，并写了一系列相关的文章。在某一次会面中，我问他是如何让这么多优秀的球员配合得如此默契的。

他云淡风轻，言犹在耳："这并不容易。每个球员都必须有自己的位置和超越自己的目标。"这真是对团队成员的完美描述！

《团队领导力 17 法则》中的"人尽其才法则"（Law of the Niche）指出，所有队员都有自己最有价值的位置，这个位置就是他们最能发挥特长的地方，也是他们为团队做出最大贡献的地方。咨询顾问安娜·洛巴克（Ana Loback）说："团队成员必须了解自己在团队中的位置，以及由此带来的好处。"我非常赞同这一说法。

我们的研究表明，对自身优势认知得越清楚，团队优势越明显，表现就会越好，最终就能拥有更积极的环境，也更能促进团队成员之间的信任。

模棱两可会滋生不信任，产生不安全感。角色和责任越

明确，团队成员的活力和动力越明确，个人就越能清醒地认知自己的期望和要求。

了解自己的长处，同时也了解队友的优点，有助于激发团队整体的活力和动力，在优势领域取长补短。

相互分享自己的长处，让别人知道你可以做什么，这可以创造一个更加积极的环境，促进合作和承诺。同时，分享自己的绩效风险，以及自己可能会被指责的地方，让一切都公开化，从而建立信任、改善沟通。

作为团队领导，你需要推动这一进程。或者正如约翰·伍登所说："我帮助球员找到投篮点，为他们的成功做好准备。"作为一个团队的领导者，你需要做类似的事情。那么具体需要做什么呢？

了解工作要求

要想在团队中为领导者定位，你需要了解每个职位的要求。领导者需要具备哪些技能和能力才能完成工作或项目？如果你没有经验，那就请你的团队帮你分析，然后你来主持讨论。

做出最优选择

如果你非常了解你的领导者，知道他们的才能、技能、优势和劣势，了解他们的性格和脾气，那么你就能很好地判断谁最适合哪个角色。这就是你之前在培养领导者方面所做的所有工作的真正回报。很多时候，没有花时间了解员工的领导者只是把一个人扔到一个工作岗位上，然后期待最好的结果。这不是领导团队的好方法。

当你为团队中的领导者定位时，请记住两个考虑因素：谁最胜任各项工作？如果让领导者担任这些工作，他们之间的合作性和互补性如何？团队成员之间的互动对团队成功的影响不亚于每个人在各自岗位上的工作效率。

适时做出调整

团队领导者在正确的时间做出正确的调整，从而赢得自己的生存空间。这通常是一种直觉，你需要给领导者足够的时间和空间来解决问题，并取得成功，但也需要适时做出改变。如果过早地让领导者卸任，他们就会失去信心，失去在队友中的威信。如果等待时间过长，团队就会受到影响，你也会失去团队中其他领导者的信任。

何时应该做出改变？如果你能指导陷入困境的领导者完成任务，那就是理想的解决方案。之后，你可以再进行调整。不过，有时则需要尽早做出改变。例如，如果工作或任务正在发生变化，而领导者因为不再适合这个角色而失败了，或者如果领导者正在发生变化，不再能够胜任这项工作，那就必须请另一位领导者来完成这项工作。

5. 向领导者传达他们的重要性

为了帮助领导者更好地融入团队，你需要采取的另一个步骤是帮助他们在精神上定位。很多人并没有真正认识到自己工作的目的，仅是把自己看成需要完成工作任务的员工。让你的团队成员明白他们的工作是多么重要，从而提升他们的工作热情。有时，心灰意冷的人只需要看看他们的工作是如何改变这个世界的。这需要的是精神转变，而不是工作变动。

人力资源巨头 O. C. Tanner 公司执行副总裁大卫·斯特（David Sturt）在《福布斯》杂志上撰文，介绍了一项研究，研究对象是从事低层次工作和默默无闻工作的人，其研究结果很有启发性：

> 2001 年，来自耶鲁大学的简·达顿（Jane Dutton）和她的同事艾米·弗尔泽斯尼夫斯基（Amy Wrzesniewski）研究从事低端工作的人如何应对他们所谓的“被贬低的工作”，其研究对象是医院清洁工。不过，研究结果完全出乎她们的意料，并改变了她们未来十年的研究轨迹。
>
> 简和艾米在采访美国中西部一家大型医院的清洁工时发现，有一部分清洁工根本不把自己看作是清洁工，他们认为自己是专业人员，是治疗团队的一员，这一认知改变了一切。这些人会去了解病人和家属，并以微小但重要的方式提供支持：一盒面巾纸，一杯水，一句鼓励的话……
>
> 人们通常会对现有的工作期望或工作描述加以扩展，以适应他们想要有所作为的愿望。他们做着分内之事（因为这是必须的），然后想办法在工作中加入新的东西。

这些人认为自己的工作很重要，从而在精神上和情感上提升了自己。他们认为自己举足轻重。

作为团队的领导者，你可以提升团队成员。为领导者定位不仅仅是找到他们的激情和优势，并将他们安排到合适的岗位上，你还可以帮助他们定位自己的思想，以不同的方式思考工作。你可以鼓励他们多为他人着想，少为自己考虑，通过每天有意识地为队友赋能来开始一天的工作，而不是只专注于自己的收获。

需要花费多长时间才能让领导者作为一个团队一起工作？这取决于多种因素。他们在成为领导者之前的合作程度如何？他们的竞争意识有多强烈？你有多少时间与领导者相处？他们彼此相处的时间有多少？他们彼此信任吗？是否有需要克服的负面历史？他们的天赋匹配度如何？领导者是否发挥了各自的优势？团队中的职能部门是否因为还没有合适的成员而工作不力？团队是否取得了足够的胜利来积累发展动力？

培养一支优秀的团队需要付出很多努力，因此冠军团队很难创建，也很难领导。但即使不是冠军，努力将领导者锻造成一个团队也是值得的，因为这个过程也能教会他们很多，让他们得到更大的发展。这也有助于你筛选出最好的领导者，确定进一步要培养的人。这就是下一章的主题。

行动步骤

1. 核实你与领导团队的沟通是否到位。你是否通过沟通确保团队成员保持一致？如果没有，那就继续努力。当你的团队完成项目和计划时，告诉他们其工作如何产生影响并对此表达赞赏。确保这些沟通始终到位。

---

2. 为你的领导团队创造联系体验。带他们参加外地的培训，并确保安排合适的时间和地点进行沟通和汇报。为他们策划领导力体验，促使他们一起协作。组织聚餐，谈论工作之外的话题。他们之间的相互了解和尊重越多，合作就会越好。

---

3. 为团队安排一次集体学习活动。这可以很简单，例如让大家一起阅读一本书并进行讨论。团队的共同成长越多，他们的价值就越大。共同的体验还能让他们拥有共同的语言和交流点。

---

4. 评估团队中所有领导者的职位安排。写出每个人的职位描述，确定必要的职能部门是否人手不足，同时检查职位冗余。然后列出每个职位负责人的优势、劣势和经验。找出不匹配的地方，并考虑如何重新定位团队成员以提高绩效。对此进行调整并帮助团队成员理解调整的原因以及对团队的益处。

第 11 章

选择进一步培养的对象

多年前，我还处于职业生涯的早期阶段时，我决定学习一些商业课程，以便在财务领域成为一名更好的领导者。在一堂课上，经济学教授讲授了改变我一生的东西——帕累托原则（Pareto principle），或通常所说的 80/20 法则。这个观点是由意大利经济学家维尔弗雷多·帕累托（Vilfredo Pareto）在 20 世纪初提出的，当时他观察到了生活中几乎每个方面都自然存在一种模式，其基本原理是：在任何一个群体中，20% 的人产出 80% 的成果。

- 20% 的工人生产出 80% 的产品
- 20% 的销售人员完成 80% 的销售额
- 20% 的产品带来 80% 的收益
- 20% 的人口拥有 80% 的财富
- 20% 的球队赢得了联赛中 80% 的冠军

大致如此。实际统计数据会有些差别，并不总是完全精确的 20% 和 80%，但通常非常接近。你几乎可以在任何事情上找到这种模式。

这有什么意义呢？首先，它违背了大多数人的直觉，因为我们倾向于认为事情会是平均的。如果五个人在一个团队中工作，我们认为他们会平均分担，其实不然。假设我们需要从十个捐赠者那里募集一万美元，如果每个人都捐出一千美元，那么就能得到所需的资金。但事实并非如此，有些人可能什么都不捐，而大约八千美元是来自小组中的两个人。

当教授解释这一点时，我立刻就明白了。凭直觉我意识到，帕累托原则有可能改变我的生活，做几件重要的事情可能比做许多不那么重要的事情得到更大的回报。如果我把精力集中在最优先的 20% 的事情上，帕累托原则意味着我将获得 80% 的回报。我需要变得专注和用心。

帕累托原则

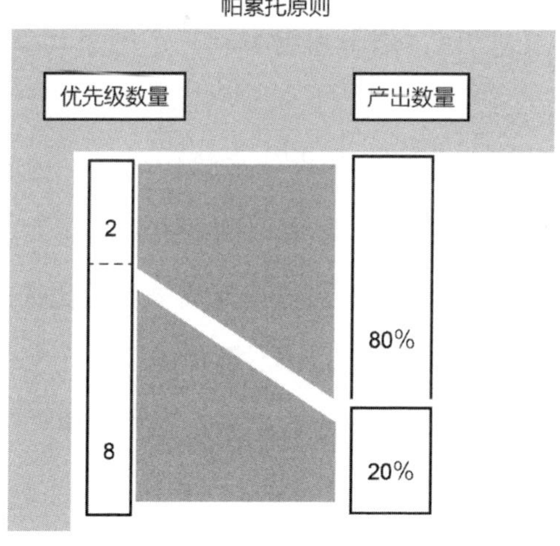

我立即开始将帕累托原则应用到工作中，它改变了我每天的工作效率，让我知道不应该只是埋头苦干、忙忙碌碌。如果列一个待办事项清单，上面有十个项目的话，我不会立即着手工作。首先，我把它们按重要性或价值的优先顺序排列，然后把大部分时间用在前两项上，这让我的工作始终获得高回报。我取得的一次次进步不是源自我工作有多努力，而是源自我工作有多聪明。

近五十年来，我一直在使用帕累托原则，它给了我很大的帮助。在写这本书的时候，我看到了《掌控习惯》（*Atomic Habits*）的作者詹姆斯·克利尔（James Clear）的一篇文章，对帕累托原则进行了深入探讨。例如，克利尔观察到，在NBA中，20%的球队赢得了75.3%的总冠军，其中波士顿凯尔特人队（Boston Celtics）和洛杉矶湖人队（Los Angeles Lakers）赢得了NBA历史上近一半的总冠军。在足球方面，虽然有77个不同的国家参加过世界杯，但在前二十届世界杯比赛中，仅巴西、德国和意大利三个国家就赢得了13次冠军。

克利尔对80/20法则的进一步解释则更令我着迷。他描述了所谓的“1%法则”：随着时间的推移，在某一特定领域中，大多数奖励都将累积到与其他竞争者相比保持1%优势的人员、团队和组织身上；你不需要比别人优秀一倍，只需要略胜一筹，就能获得两倍的成果。克利尔用一个自然界的例子来描述这个道理。

想象两株并排生长的植物，每天它们都在争夺阳光和土壤。如果一株植物能比另一株长得快一点，那么它就能长得更高，捕捉到更多的阳光，吸收到更多的雨水。第二天，这些额外的能量会让这株植物长得更高。这种模式一直持续下去，直到更强壮的植物把另一株挤走，占据了全部的阳光、土壤和养分。

从这一优势角度来看，获胜的植物有更强的能力传播种子并进行繁殖，从而在下一代中拥有更大的影响力。这个过程不断重复，直到比竞争对手略胜一筹的植物主宰了整个森林。

科学家将这种效应称为“累积优势”：一开始很小的优势，随着时间的推移会变得越来越大。

优秀与卓越之间的差距比想象的要小。一开始比竞争对手略胜一筹的优势，会随着每一次竞争的加剧而不断扩大……

累积优势：一开始很小的优势，随着时间的推移会变得越来越大。

——詹姆斯 · 克利尔

随着时间的推移，那些略胜一筹的选手最终会获得大部分回报。

克利尔说，虽然亚马逊雨林中有 16 000 多个树种，但其中仅 227 个树种就占森林面积的 50% 以上。

运用帕累托原则培养最佳人选

这一切与培养领导者有什么关系呢？我一生中最伟大的领导力发现之一，就是帕累托原则可以应用于培养人。这对我来说是革命性的。

我曾被教导和鼓励去爱和珍惜每一个人，这也是我每天都在努力做的事情。但这并不意味着你应该培养每一个人！培养前 20% 的人将会带来更多的好处。

如果你的领导团队中有十个人，并不是每个人都有同样的潜力，我相信你也认识到了这一点。前两名可能为团队创造了大部分成果。你认为谁最有可能为你的投资带来最大回报？当然是前两名领导者。为什么？因为除了自己进步更快之外，他们还能帮助其他人提高效率。如果我的领导团队中有十个人，我就会把 80% 的时间和精力投到前 20% 的人身上，对他们进行指导。我为他们赋能，因为他们能为其他人带来成倍的价值。

四十年前，我就在团队中应用这一原则，它改变了我的领导方式。这不仅节省了精力——因为我花了更少的时间培养更少的领导者；而且效率倍增——因为我选择的领导者给我带来了最高的回报。这就是用减法的手段达到了数倍于前的效果。

其他人怎么办？难道他们不应该得到指导吗？他们就这样被冷落，什么也得不到吗？不，我不指导他们并不意味着他们不能继续得到发展，他们会从我对领导团队的投资中获益。你猜我指导的高层领导者应该做什么？我希望他们去培养受其影响的领导者，包括我的团队中的其他成员。每个人都有培养潜力，我的领导力团队中的 9 号应该培养 8 号，7 号应该培养 6 号，5 号应该培养 4 号，以此类推。

如今，我所做的一切都基于这一理念。我创办的公司、我们开发的资源、我撰写的书籍都专注于为领导者赋能，而领导者则为他人赋能。我尽最大努力培养最优秀的领导者，指导他们更上一层楼，而他们也尽最大努力培养其他领导者，这时每个人都是赢家。

培养前 20% 的领导者是领导者培养的终极之路，这就是伟大团队与优秀团队的区别，也是持久的团队与昙花一现的团队的区别。它使团队和组织能够制定成功的继任计划。当你指导最优秀的领导者时，一切都会更上一层楼。

当你准备从领导团队中选择进一步发展的人选时，你要有战略眼光，坚持不懈，并且有目的性。

要有战略眼光

当选择要培养的领导者时，你必须着眼于前 20%——五选一也好，一百选二十也好。不要把你的选择标准降低到那些还没有达到这个水平的人。先让他们成长，然后再做出选择。记住，如果你选择了最优秀的 20%，就有可能产生 80% 的影响。

坚持不懈

我喜欢成为长者的原因之一是，我在生活中见过也做过很多事情，因而有点发言权。在我古稀之年，我见证了坚持不懈的惊人力量。如果你日复一日地做正确的事情，尽管这些事情可能很小，但它们会累积起来。虽然它们需要很长时间才能累积起来，但最终会厚积薄发。有时，年轻人很难有耐心做到这一点，但作为过来人我得说，这是值得的。

正确的选择 + 坚持不懈 + 时间 = 丰厚的回报

如果你想成为一名成功的领导者，那么对优秀领导者的指导就不能是一劳永逸的过程。不能说选择指导一组人之后，就指望大功告成了。这需要月复一月、年复一年地坚持下去。

我本人就是坚持不懈终获回报的活生生的例子。以下是我的一些经历。

1973 年，我明白了领导力决定一切。从那时起，我每天都致力于个人成长和领导力发展。

1976 年，我受到感召，全身心投入领导者培训中。几周之内，我就开始培训领导者，四十多年来从未间断。

1979 年，我开始写书，致力于培养领导者。从那时起，我从未停止过写作。迄今为止，我已经写了一百多本书。

1984 年，我决定开发培养领导者的资源。从每月制作音频课程开始，这个过程一直延伸至研讨会、视频、播客、数字学习系统和辅导计划。

1986 年，我创办了第一家专注于领导力培养的公司。此后，我又创办了另外三家公司和两家非营利组织，全都专注于培养领导力，并且仍在继续发展壮大。

1994 年，我开始请领导者帮助我培养更多的领导者。我的第一个非营利组织 EQUIP 制定了一项战略，即招募志愿领导者，让他们去海外培训领导者。他们培训的领导者承诺自己也要培训更多的领导者。我们在国内外一直使用这一领导力培训模式。

如果你坚持不懈地投资于自身的成长和发展，坚持不懈地培养你所拥有的前 20% 的领导者，那么你的领导力就会发生改变。

有目的性

我一直都是一个积极主动的人，但我并不总是很有目的性。你刚刚读到的我的个人经历表明，我是在培养领导者的过程中变得越来越有目的性。通过演讲、写作和领导以培养领导者为宗旨的组织，我努力保持自己的领导力。

你准备好更有目的性地培养领导者了吗？你是否愿意专注于指导你所拥有的最优秀的领导者，使他们成为佼佼者？如果是，那么请开始考虑谁是你的前 20%。

辅导领导者时应注意什么

当你发掘了潜在的领导者并邀请他们参加领导力会议时，你就已经知道谁可能成为优秀的领导者了。在培养他们、授权他们去领导以及训练他们进行团队工作之后，他们的能力也就自然显现了。当你回想与领导者相处的经历时，请寻找以下六个特征来识别你的最佳领导者。

1. 展示领导力

这一点看似显而易见，但我还是要强调一下。在选择最佳领导者时，你需要的是那些已经展现出领导力的人，而不仅仅是他们的领导潜力。在你的领导者团队中，谁影响过其他人？当你把一群领导者放在一起时，很快就会形成一个非正式的排序。培养者凭直觉就能知道谁是更好的领导者，在团队中谁的影响力最大。

2. 了解自己在团队中的位置和作用

你计划进一步培养的领导者需要有足够的自知之明，了解自己的作用，知道自己对团队的最大贡献是什么。发挥优势是培养他们的关键。遗憾的是，具有较强领导能力的人并不总是具备这种自我意识。无论是较强的能力还是成功的业绩，都不是领导者具有自我意识的可靠指标。在与麦克斯韦尔领导力公司的顶级高管教练交谈时，他们告诉我，自我意识差是他们在领导者身上看到的首要问题。

> **在与麦克斯韦尔领导力公司的顶级高管教练交谈时，他们告诉我，自我意识差是他们在领导者身上看到的首要问题。**

如果你的优秀领导者不知道自己的长处和短处，不知道如何才能做出最大的贡献，你得斟酌一下，他们是否准备好接受指导。你可能需要对他们进行适当的定位，帮助他们首先培养自我意识。告诉他们你从他们身上看到了什么，指出他们的优势，让他们扮演能发挥这些优势的角色，并为他们设定期望值。

整个指导过程都需要以领导者的优势为基础。如果他们对于你所列出的优势并不认同，那就很难做进一步培养。

3. 识别他人的位置和作用

永远不要忘记，个人业绩与有效领导之间存在很大差异，并非所有优秀的工作者都能成为优秀的领导者。领导力要求领导者了解团队成员，认识到他们的长处和短处，知道每个人的作用，知道团队中每个人的最佳位置。他们不仅要向自己的追随者展示这种能力，还要向其他领导者展示这种能力。如果他们缺乏这种能力，就无法胜任更高的领导职位。

4. 愿意为共同愿景放弃个人主义

有才能的人会习惯于按照自己的方式做事，有才能的领导者尤其如此，因为他们拥有影响力，并习惯于利用这种影响力。但是，你打算培养的领导者必须明白，他们得愿意放弃个人主义，采用团队和组织协作的方式来实现组织愿景。他们需要接受《团队领导力 17 法则》中的“重要性法则”（Law of Significance），即一个人的力量太小，不足以成就伟大事业。

如果他们明白，作为团队的成员他们可以完成比单打独斗更伟大、更重要的事情，那么他们就值得指导和培养。你将能够帮助他们实现层次的跃升，这是任何个人成功所带来的待遇、地位或机会都无法比拟的。他们的认知也随之改变，加入团队并不是放弃了某些东西，而是整合以期待更大的收获。个人主义可能会暂时占上风，但当一个优秀的团队齐心协力，勇于为彼此牺牲时，这个团队就能最终赢得全局。

5. 领导力的实际成果

我喜欢伍登教练经常对他的球员说的话：“不要告诉我你要做什么，展示给我看。”行胜于言。在你的领导团队中，任何具有巨大潜力但尚未取得实际成果的人，都应该是未经证明的。他们仍然是潜在的领导者，而不是经过验证的领导者。你要想投入大量时间、精力和资源来指导这些人，他们必须通过带领团队成员取得实际成果来证明自己。

6. 渴望成长

有效领导力发展的最大障碍之一就是“到达心态”。如果领导者认为自己已经“到达终点”，他们就不会再努力工作，不会每天都努力提升自己来为组织增加价值，也不会再以积极的领导价值观为榜样，而这种价值观正是他们的成功之道。他们最终会失去信誉和效力，停止积极地领导，因为他们的关注点已经从寻求进步转变成了满足现状，当这种情况发生时，他们就不再是可教之人了。

每当邀请领导者接受指导时，都要明确指出他们还没有到达目的地。他们收到的是一份邀请，即通过更努力地工作来实现更大的影响力。通过接受指导，他们将获得更大的影响力，成长为可以做出更大贡献的人。他们将为人们创造更多价值，因为他们能给予的更多。他们将有机会为组织带来更大的影响。这将是一个重大的开端，他们就是天选之人，所以现在不是休息的时候，而是大显身手的时候。

作为领导者，选择合适的人进行指导是最重要的任务之一，而且这也可能是最困难的。有些领导者很容易被发现，而另一些则不然。你总能选对吗？如果你和我一样的话，答案就是否定的。过去，我曾选错了一些人进行培养。有些人缺乏我认为他们具备的品格，最终他们搞砸了；有些人很会说话，让我相信他们怀有超出实际的潜力；有些人并不想真正成长；还有一些人能力平平，我以为能帮助他们，对他们很有信心。不过这些失误都没有阻止我继续培养和指导领导者，塞翁失马，焉知非福。我宁愿偶尔做出错误的选择，也不愿错过培养领导者的机会。

培养领导者的终极目标：“让自己无所事事”

在选择培养最佳领导者的过程中，我认为你的最终目标应该是让自己无所事事，这也是我经常给领导者的建议。教你如何赋能并培养接替你的位置的领导者，这是我大半生的努力所在。我总是环顾四周问：“谁能做我现在做的事情？”你所做的每一件事情，几乎都能找到继任者。

让自己无所事事是培养的终极胜利，我建议你以此为目标，尝试在尽可能多的专业领域传递接力棒。为此，请做好以下三件事。

1. 把让自己无所事事放在首位

我并不总是善于给别人安排工作。多年来，我倾向于亲自处理必要事务，而不是假手于人。过了一段时间，我忙得不可开交，以至于忽略了回报率最高的工作。如果你也这样，请跳出这个陷阱。

首先要问自己：“我现在做的哪些事可以让别人来做？”有了答案之后，继续问：“我应该开始培养谁来做这件事？”

2. 培养人才比保住职位更重要

大多数领导者都专注于保住自己的职位，或者获得自己想要的职位，他们关注的是自己。具有讽刺意味的是，囤积权力往往会导致一个人失去权力。

不是职位成就了领导者，而是领导者成就了职位。拓展自我潜能的方法就是帮助他人开发潜能，发掘并培养领导者会让你成为更好的领导者，从而有能力更上一层楼。

不是职位成就了领导者，而是领导者成就了职位。

3. 将培养置于比安全感更高的优先级

太多身居领导岗位的人都在寻求安全感，但好的领导力绝不是故步自封，而是要勇往直前。这就是为什么我常对我的员工说："如果你让自己无所事事，我就能给你另一份工作。"我想让他们明白一句格言的真谛："一根蜡烛点燃另一根蜡烛，不会失去任何东西。"事实上不止如此，我还想让他们知道，一支蜡烛点燃另一支蜡烛会得到一些东西——更多的光！

我相信，作为一名领导者，如果你将自己的工作做到极致，总会有一份新的工作在等着你。成功不是保护你所拥有的一切，而是培养他人来取代你，这样你就可以去做更大、更好的事情。当你成为一名领导者，培养领导者并指导最优秀的领导者时，每个人都会得到提升。因此，选择你需要进一步培养的最佳领导者，并准备好指导他们。我将在下一章详细介绍这个过程。

行动步骤

1. 如果你从未使用过帕累托原则来帮助提高个人工作效率，那就从今天开始使用吧。如果你能坚持每天将注意力集中在前 20% 的任务和职责上，你就会体验到它的影响力，从而更有信心使用该原则来选择要培养的领导者。

---

2. 选择团队中的领导者。根据本章中提到的六个特征给每个人打分（从低到高为 1~10），然后统计他们的得分，从高到低排序，选出前 20%。

领导者	展示领导力	了解自己在团队中的位置和作用	识别他人的位置和作用	愿意为共同愿景放弃个人主义	领导力的实际成果	渴望成长	总计

当你看到这些排名靠前的领导者的名字时，你的直觉是否与你的排名一致？如果不一致，为什么？在你的评估中还应考虑哪些因素？如果你想做更大、更好的事情，你

认为谁能取代你目前的工作？如有必要，重新排序你的名单。完成后，再花一些时间思考，这些人是不是你应该亲自指导的领导者。如果你能得到其他领导者的建议，请与他们讨论你的选择。

3. 思索一下你打算培养的领导者，考虑指导他们每个人需要多少周、多少个月或多少年。在这一点上，只需要做个大致预测，但要开始考虑这个问题，因为你需要承诺在这段时间内用心地、坚持不懈地给予指导。

---

4. 与你打算指导的每一位领导者单独见面并商谈你准备培养他这件事。但是，在你读完下一章之前，不要与他们见面。在第一次会见之前，你会需要一些信息。

第 12 章

一对一指导最佳领导者

也许你能给予领导者的最大奖赏就是主动指导他们。但是，指导需要的不仅仅是技能，它需要技巧，更需要同理心。你要能够与你指导的人找到共同点，因为你们之间的关系必须能够达到另一个开放和真实的层次；你必须坦诚自己过去的失败和错误，让与你共事的领导者有足够的安全感，使他们能够开诚布公地说出他们的不足和需要成长的地方。伟大的导师拥有与创作歌手卡罗尔·金（Carole King）相似的精神，她说："我想与人沟通，并且让他们觉得'是的，我就是这么想的'。"如果能做到这一点，你就有更大的机会把领导者培养到更高的水平。

在当今的领导环境中，软技能至关重要，例如：提问和倾听，对人们的心路历程感同身受，理解人们的观点。当人们理解你时，他们并不会自然而然地追随你。只有当人们被理解时，他们才会做出承诺并追随你。我相信，作为指导型领导者，当你采取以下行动时，就会实现这一点。

- 重视他们
- 让他们知道你需要他们
- 让他们参与你的旅程
- 秉承诲人不倦的精神
- 提出问题
- 善于倾听，并经常倾听
- 了解他们的观点
- 当他们帮助你时，要给予肯定
- 对帮助过你的人表示感谢
- 用“我们”代替“我”

多年前，一位导师告诉我：“如果你愿意和员工一起流汗，他们就能承受高温。”我发现这句话是对的。当人们明白你与他们同甘共苦时，他们就更愿意与你合作。

如果你愿意和员工一起流汗，他们就能承受高温。

怎样指导领导者

如果你已经选好了要指导的领导者，并且知道他们决心接受你的指导，那么你就可以开始了。我想给你一张路线图，图很简单，你要走的路却不简单。作为导师，你需要成为老师、向导、教练和啦啦队长，你必须学会在适当的时候扮演一定的角色。但你要知道，没有什么事情比这能给人生带来更大的成就感。在你继续前进的过程中，我建议你牢记以下四点。

1. 选择你要指导的人——不要让他们选择你

尽管我已经讨论过如何选择进一步发展的领导者，但在此还是想强调这一点，因为你越成功，请你指导的人就越多，而你不可能也不应该指导所有人。你应该专注于帮助那些只比你落后几步的、最有潜力的人，而不是比你落后几公里的人，他们自有其更合适的导师。

让别人来选择你要指导的人，就好比你在选择投资时同意购买任何销售人员向你推销的基金，而你不知道最终会得到什么，也不知道结果会如何。相反，你需要对你同意指导的人进行选择。选对了人，你就赢了，他们也赢了——大家都赢了。

2. 预先设定双方的期望值

人们带着各种各样的假设进入指导关系，而你知道有句俗话是怎么说的：假设是一切混乱的根源！查尔斯·布莱尔（Charles Blair）是我早期的另一位导师，他常说："有了理解，就不会有误解。"这是你与领导者建立指导关系时的好建议，你需要为每个人（我们、你、我）打好基础。我是这样安排的，当我与领导者第一次坐在一起时，我会详细说明三点期望。

对"我们"的期望

我喜欢从我们双方都同意做的事情开始。

我们会签署投资回报率（ROI）协议。如果关系变得一边倒，那么这种关系就不会长久。如果出现这种情况，付出的一方就会开始怨恨或后悔这段关系。指导的目的是为双方带来投资回报，当两个人都受益时，这种关系就是可持续的。否则，很快就会有人想退出这段关系。每次见面时，我们双方都要觉得这次经历是有益的。如果没有，我们中的任何一方都可以说它已经结束了，我们可以随时离开，也并不会受到责备或感到羞愧。

我们会让彼此变得更好。我们带着这种积极的期待走到一起，为这段经历定下基调。被培养的人希望自己变得更好，而最好的情况是，培养者也会变得更好。这就要求双方都能谦虚地带来一些东西，如果双方都能做到这一点，那么这种关系就会成为一种美妙的成长经历。我认识到，看待问题和做事的好方法不止一种，因此，三人行必有我师。这就是培养的意义所在。

对“你”的期望

接下来，我要做的就是让我的培养对象清楚我对他的期望。

你必须做好准备。初次见面时，我习惯让我的培养对象设定议程，告诉我他们的目标是什么，目前遇到了什么问题，以及我能够回答哪些问题。然后，我们每次见面我都会要求他们在前一天把问题发给我，这样我就有机会思考答案。

我希望他们准时到达，做好准备，并深度参与。

你必须不断赢得我的时间。我的时间非常有限，因此要充分利用，你也是如此。决定培养别人是我的选择，而不是我必须履行的义务。只要我培养的人有进步，我就愿意继续和他见面。如果进步停止了，我也会停止培养。

你必须进步，而不仅仅是学习。我希望我培养的人能够保持专注、做笔记、认真学习。但光靠他们的智慧还不够，我希望看到的是改变。只有将所学付诸行动，他们才能不断成长，成为领导者。这就是为什么在培养会议上，我经常问的第一个问题是他们如何应用了上次见面时所学的知识。如果他们说话结结巴巴，或者看起来惊慌失措，这可不是什么好兆头。不过，通常情况下，他们会侃侃而谈，然后提出很好的后续问题。更深层次的学习源于问题和对经验教训的总结。

你必须培养其他领导者。我做导师的初衷就是把我学到的东西传授给别人。正如我所说，我的目的是为那些为他人赋能的领导者赋能。我所知道的价值倍增的最好方法，莫过于让我培养的人去培养其他人。培养的魔力正在于价值倍增。

当我培养的年轻领导者表达出帮助和培养他人的责任感时，我认为这就是成熟。当我培养的人把我介绍给他们正在培养的人时，我会感到非常高兴，这值得庆祝。

对“我”的期望

最后，我要让我培养的人知道，他对我的期望以及我对自己的标准。

我将是一个让你放心分享的人。好的导师值得信赖，并能建立信任的基础。沃伦·本尼斯和伯特·纳努斯（Burt Nanus）称信任是“将追随者和领导者黏合在一起的黏合剂”。建立信任可能需要时间，但这很重要，因为培养的深度将取决于被培养者的脆弱性。我的职责是对被培养者保持真实，允许自己的每一种情绪流露出来，愿意回答任何问题，并对他们所说的一切保密。信任源于真实，而非完美。他们要做的就是对我真实、坦诚，完全信任我，而不是躲躲藏藏。

我会让自己随叫随到。随叫随到意味着你是可靠的、可以接近的。当人们需要你时，他们可以找到你。我培养的人都知道，找我就像打电话一样触手可及。不过很少有人这样做，因为他们尊重我的时间，只有在必要时才会请求我帮忙。但我不仅欢迎他们找我，我还会与他们保持联系，确保他们进展顺利。当他们需要我的建议时，我随时准备成为帮手。

我会尽我所能。我的导师们总是把最好的给我，是他们的努力造就了我。我可能不是最好的导师，但对我所培养的人，我会尽最大的努力，以达到自己设定的标准。

我会为你们的最大利益着想。我的培养建议永远是为我的培养对象量身定制的，不过这并不意味着我们的意见总是一致，或者我会满足每个人的所有要求。这只是意味着我会尽一切可能保持动机纯正，将他们的利益放在首位。

我发现，当我预先设定期望值时，培养关系就会进展顺利。如果不这样做，关系就会破裂。我相信你也会发现同样的事情。归根结底，作为导师，你希望成为一个值得信赖的朋友，即便是伟大的约翰·伍登也不例外。他从来不想成为我的英雄，只是希望给我最好的指导。在他关于培养的书中，他描述了英雄和导师之间的区别："英雄是你崇拜的人，而导师是你尊敬的人；英雄让我们叹为观止，导师则赢得我们的信任。导师并不寻求创造一个全新的人，他们只是帮助一个人成为更好的自己。"这也是你要去追求的。

> 导师并不寻求创造一个全新的人，他们只是帮助一个人成为更好的自己。
>
> ——约翰·伍登

3. 个性化辅导以帮助领导者取得成功

我最喜欢做的事情之一就是沟通。我喜欢与人交流，带领他们开启一段情感之旅，教给他们能为其赋能的东西。但我始终记得，这不是培养。你可以教导大众，也可以指导团体，但你必须一对一地培养个人。

领导力专家彼得·德鲁克曾经说过："重要的是培养一

个人的一生，而不是给他上一堂课。”这就是培养和训练一个人，包括明确他们当前的位置，了解他们的目标，并在他们的旅程中提供所需的支持。导师必须擅长评估他人的潜力和需求，有能力了解人们需要在哪些方面成长，以达到下一个发展阶段。正如德鲁克所说，你必须认识到，每个人就像一朵花，有的像玫瑰，需要肥料；而有的像杜鹃花，则不需要。如果你不给予花朵所需的关怀，它们就永远不会绽放。指导的第一步就是要清楚你的指导对象是谁，他们各自需要什么。

在指导领导者时，你应该努力了解每个人的个性、学习风格、表达方式、优点、缺点、内在动力、背景、个人经历、家庭关系、抱负、灵感等。利用你所掌握的所有信息，让每一位领导者都能从中受益。

4. 关心到足以进行一场关键对话

优秀的导师会毫不犹豫地与他们指导的人开启艰难的对话，即使别人不愿意，他们也会处理那些显而易见却被忽视的问题。通常情况下，进行关键对话的最佳时机是一有机会就进行，这也是我建议领导者趁早铲除障碍的原因。不过，如果谈话对对方来说特别困难的话，我有时会说：“我们下次见面再谈吧。”这样他们就有时间

优秀的导师会毫不犹豫地与他们指导的人开启艰难的对话，即使别人不愿意，他们也会处理那些显而易见却被忽视的问题。

为这样的谈话做好准备，不过我更倾向于不等待。

困难的谈话拖得越久，就会变得越困难，因为时间会让人感觉越来越尴尬。而且，沉默对大多数人来说是一种认可。此外，任何问题如果得不到解决，就会像滚雪球一样越滚越大，以后处理起来也会更加困难。而等待谈论的时间越长，就越不可能解决这个问题，这就是糟糕的指导。

在第 8 章中，我提到了特拉奇·莫罗。在过去的几年里，我花了很多时间指导她，我们也进行了很多次重要的交流。最近，我问她是否愿意分享我们的谈话，她非常乐意。她说道：

您会告诉我实话。通常，您会把实话包装在问题里，然后给我留个选择——有了选择，我就会觉得自己很受重视。在我们的指导关系开始时，您做的第一件事就是询问我的语言偏好，当发现是肯定的话语时，您就确保自己跟我说肯定的语言，但这并不是说您只对我说赞美和欣赏的话，不过肯定会有。我最珍视的是您说出的那些能帮助我成长的话，以及那些很多人没有福气从令人尊敬的、值得信赖的导师那里听到的难听的话。

您曾多次挑战我，让我在犹豫不决时做出决定，让我在逃避或放弃时也要做出艰难的决定。在我消沉时，您曾挑战我，让我采取行动，并以父母和丈夫之外最关爱的方式与我分享残酷的现实。让我惊讶的是，不知何故，您与我分享的见解总能激发出我最好的一面，而不是让我“关机停电”。您的话唤起了我内心深处坚强的领导力，而不是让我自惭形秽。

我们之间的一次谈话让我印象深刻。那是我在公共场合采访某人之后，与观众失去了链接，大脑一片空白。我知道某个环节肯定出了错，但是当局者迷，我看不出问题所在，所以迫切地想得到您的反馈。对大多数人来说，从一个擅长沟通的人那里听到关于一份做得不好的工作的反馈可能会很可怕，但对我来说，我已经经历了最糟糕的情况。我想剖析一下自己，看看哪里出了问题，因为我知道您如果想帮助我的话，肯定会直言不讳。

您指出我的错误时，态度和蔼可亲，语气没有丝毫夸张。那天我学到了两件事：如何与听众保持链接，以及如何在别人刚刚经历失败时对他们进行指导。

每次和您谈话后，我都会清晰地了解自己成长的必经之路，并切实感受到选择成长的自由。我可以从您的脸上看到、从您的声音中听到，您相信我有能力完成成长所需的一切。听到残酷的事实并不有趣，但不知为何，我期待着您的反馈。这一切的根源在于信任。

这正是每位导师所珍视的反馈。我相信特拉奇的潜力，并希望她能得到最好的发展。对我指导的每个人，我都是这样想的。他们就像我的女儿和儿子，我想让他们发挥出最好的一面，看到他们成为最好的自己。要做到这一点，唯一的办法就是愿意说出对他们有帮助的逆耳忠言。

在进行关键对话时，你要切实告诉对方她需要听到的东西——为了她着想，而不是为你。所以，你应该以对方最容易接受的方式来表达，且这些信息必须能真正帮助他们。有时，导师是领导者生命中唯一的真相讲述者。

关于与你所指导的领导者之间的关键对话，我还有一件重要的事情要说：对话应该是双向的。作为指导者，你需要和被指导者一样，乐于聆听真相。这就是为什么我允许我指导的所有领导者对我的生活发表意见，我希望他们在看到我需要意见的时候能够与我开启关键对话。

我的朋友、达美航空首席执行官埃德·巴斯蒂安也秉持同样的态度。他对他的核心圈子说："告诉我，我应该停止做什么……继续做什么……开始做什么。"这句话出自世界上最大的公司之一的领导人之口，真是不同凡响。

对每个指导者和被指导的领导者来说，指导过程都不尽相同，而且本该如此。这是一种非常个人化的体验。但结果应该是一样的，被指导的领导者应该提升到更高的领导水平，指导的最终结果是：被指导的领导者从指导者手中接过接力棒，并超越指导者。

我遇到过一个感人的故事，它正阐释了这一概念。这听起来像天方夜谭，不过我还是很喜欢：

当达·芬奇还只是个学生，在迸发出天才耀眼的光芒之前，他以这种方式得到了特别的启发：他年迈的老师由于年事已高，身体日渐衰弱，不得不放弃自己的创作工作。有一天，他让达·芬奇完成一幅他已经开始创作的画。年轻人对大师的技艺十分敬仰，因此不敢怠慢。然而达·芬奇也非常害怕，老画家不接受任何借口，而是坚持他的命令，只是说："尽你所能。"

达·芬奇终于颤抖着拿起画笔，跪在画架前祈祷道："为了我挚爱的大师，恳求你赐予我技巧和力量来完成这项工作。"随着画笔的挥动，他的手越来越稳健，眼睛也迸发出了沉睡已久的天分。他忘我地工作，充满了热情。画作完成后，老大师被抬进画室，对作品进行评判。他的目光停留在不朽的艺术上，他搂着年轻的艺术家惊呼道："我的孩子，我自此要封笔了。"

这正是一位伟大的导师最终希望看到的，他希望自己全身心地投到学生身上，让学生超越自己。这就是导师杰作的写照。我们可能永远无法实现这一目标，但我们不应停止奋斗。

行动步骤

1. 一旦你邀请了一位领导者接受指导，并且得到了他的同意，那么就约时间见面。在此之前，用“我们、你、我”的方法写出你的期望。

---

2. 见面时，复述你对打算指导的领导者的期望。此外，请他们表达自己的期望。如果你们达成一致，就计划下一次会面，并说明你希望被指导者带着具体问题来见你。

---

3. 每次见面时，都要回答被指导者的问题。当你注意到被指导者的问题、困难或不足时，要及时解决。提出问题，解释你所观察到的情况，提供建议或资源来帮助他们。布置任务，安排下一次会面。为你们的会议频率确定一个好的节奏。

---

4. 只要看到你所指导的领导者有进步，就同意继续见面。当领导者停止成长、完不成任务或不再提出好问题时，讨论双方的关系是否已经走到尽头。如果是，就停止安排定期会面。如果领导者有需要，未来你可以随时敞开大门，让他与你建立联系。

第 13 章

教导领导者培养其他领导者

如果你应用了本书中的指导原则来训练、培养和指导领导者，那么你已经把自己放在了一个难得的位置上。大多数领导者只满足于聚集和领导追随者，很少有人花心思培养他人成为高效的领导者。祝贺你！我想表扬你，并鼓励你继续培养他人。但同时我也想告诉你，作为领导者，你还可以更上一层楼，那就是教导你的领导者跟随你的脚步，成为领导者的培养人。这是一个值得追求的目标，因为每个组织都需要更多更好的领导者。唯一限制一个组织未来发展的因素，就是其培养出的优秀领导者的数量。

唯一限制一个组织未来发展的因素，就是其培养出的优秀领导者的数量。

具有杰出领导能力的人越多，组织取得成功的可能性就越大。这也是我在《团队领导力17法则》中讲授“板凳法则”（Law of the Bench）的原因之一：优秀的团队都有强大的板凳深度。为什么？

- 好的替补能让球队具有很强的扩展能力。
- 好的替补能让球队更具灵活性。
- 好的替补能让球队具有长期的可持续性。
- 好的替补能为球队提供多种选择。

如果团队中有优秀的领导者，那么所有这些优势都会成倍增加。

我树立了一个新目标：培养再造领袖的领导者。五十年来，我的愿景一直是培养这样的领导者，希望他们能够与他人一起继续这一进程。一旦我开始投资具有高潜质的人，就不会停下脚步。

不要停止奉献

对于取得一定成就的领导者来说，确实有一种安于现状的诱惑。攀登领导岗位的过程可能是艰苦的，而有些人却想在顶峰欣赏美景，想停下来闻闻玫瑰花香，但这并不是取得领导成就的最终目的。最终目的是利用你所学到的一切去帮助他人成为领导者，然后教导他们为其他有潜力的人传承接力。

杰克·海福德（Jack Hayford）是一位作家兼牧师，曾帮助过我和其他许多人发展领导力。杰克曾经说过，成功的秘诀是违背自己的意愿做决定。作家马克·巴特森（Mark Batterson）也从杰克那里学到了重要的一课，他评论道：

> 我们渴望成功，但又不想牺牲，可生活并非如此。成功是不会打折的，你必须付账，不存在促销。你能为自己做出的最好的决定，就是违背自己的意愿做出的决定。你必须自律，日复一日、周复一周、年复一年地做正确的事。如果做到了，回报将远远大于你付出的代价。
>
> 现在，让我们把这个想法落到实处。如果你想摆脱债务，就必须在财务上违逆本性，坚持预算。如果你想拥有好身材，就必须在身体上违逆本性，走进健身房。

杰克的秘诀同样适用于领导力发展。如果你想拥有一个成功的组织，拥有更多更好的领导者，就需要付出代价。你需要违背自己的本性做出决定，不安于现状，也不坐享其成，而是要投入时间去培养能够自我复制的领导者。

我认为，要成为一个能够自我复制的领导者，你必须达到七个不同的成长阶段：

（1）使你有能力做好本职工作的成长；

（2）使你能够在工作中培养他人的成长；

（3）让你在职业生涯中复制自己的成长；

（4）为更高层次的领导提供机会的成长；

（5）为培养他人更高层次的领导力而做准备的成长；

（6）使你有足够的能力与成长中的领导者建立指导关系的成长；

（7）使你有能力培养出能够自我复制的领导者的成长。

如果你想充分发挥自己的领导力潜能，那么就需要培养那些怀有同样愿景的领导者，把他们培养成能够发挥潜能的领导者。如果可以做到，那么你所创造的领导力之渠就永远不会干涸。

创造有利于复制领导者的环境

如果你想提升自己的成长水平，并鼓励团队或组织中的其他领导者同步提升，就需要营造一个可以复制领导者的环境。要做到这一点，你需要设定以下五点期望目标，并确保你所领导的人都能满足这些期望。

1. 团队领导者树立领导力发展的榜样

团队中发生的一切都始于你自己。如果你想让领导者培养其他领导者，你就必须继续以身作则，培养、监督、激励他们。在你的所有其他职责中，你必须把培养领导者作为重中之重。在第 7 章中，我提到了福来鸡公司负责高绩效领导力的副总裁马克·米勒。他说：“我们相信，领导力可以成为我们的主要竞争优势。我希望有一天，我们可以自豪地说‘这里造就了领导者’。”我喜欢这句话，每一个想要创造领导力环境的组织都应该采纳这句话。

在领导注重领导力发展的组织时，我努力在领导者再塑其他领导者的环境中树立 6C 的典范：

- 品格（Character）——融入其中。一切都始于坚强的品格。这不是空谈，而是必须成为你的核心融入你的生活。你必须保持正直，尊重他人，为他人着想，并不遗余力地帮助他人。
- 清晰（Clarity）——表现出来。你必须花时间培养自己的领导者，要亲自参与，更要展示在团队面前，这样他们才会明白你是如何做的，以及这样做的重要性。
- 沟通（Communication）——说出来。你需要不断谈论领导力发展，使其成为共同语言和日常对话的一部分。
- 贡献（Contribution）——承担起来。如果你是领导者，那么责任就在你。你需要承担起培养领导者的责任。你做到这一点，其他人也会这样做。
- 一致（Consistency）——做出来。培养领导者绝不是一劳永逸的，需要日复一日。为什么？因为对更多更好的领导者的需求是永无止境的。

- 庆祝（Celebration）——实践出来。当领导者的发展不断得到认可、奖励和庆祝时，他们就会在组织中得到提升，并融入组织文化。每一位领导者都渴望成为其中的一员，并融入其中。

亚瑟·戈登（Arthur Gordon）说："说出承诺很容易，但日复一日地践行却是最难的。你今天许下的诺言，明天和以后的每一天都必须重现。"如果领导者每天都以身作则，团队中的每个人都会认识到领导力发展的重要性。如果领导者忽视了领导力发展，或者把它委托给别人去做，那么这传递出来的信号就是此事无足轻重。

说出承诺很容易，但日复一日地践行却是最难的。你今天许下的诺言，明天和以后的每一天都必须重现。

——亚瑟·戈登

2. 每个人都要培养他人

一个不断培养领导者的组织，其架构是自上而下的，而它的发展却是自下而上的。这意味着：

- 每个人都有人在培养或指导他们。
- 每个人都分享自己培养和指导他人的经验。

- 每个人都有发展或指导他人的对象。

复制型环境催生了有意识地指导。教与学是自然发生的，也是众望所归，不是必须成为领导者才能做到这一点，每个人都可参与其中。人们不断相互学习、共享经验，那么成长就是自然而然的，也是众望所归。

发展这种环境需要人们相互挑战，走出自己的舒适区。提出具有挑战性的问题就是一个很好的方法。在《强势起步》（*Starting Strong*）一书中，作者路易斯·扎克利（Lois J. Zachary）和劳瑞·费舍（Lory A. Fischler）列出了一些可以用来挑战人们成长的好问题：

- 你上一次走出舒适区是什么时候？
- 怎样才能让自己走出舒适区？
- 什么是你一直不敢尝试的挑战？
- 你还缺乏哪些知识、技能或经验？
- 在你现在的学习过程中，我能做些什么来支持你？

正如我在第1章中所讨论的，承担培养人员的角色必须成为一种思维定式。要使其发展壮大，就必须让每个人都接受它。一旦这样做了，组织就会转变，其潜力也会扩大。

3. 领导者注重培养领导者，而不是招募更多追随者

一个优秀的领导者往往很容易吸引和招募追随者，尤其是领导者具有很强的人格魅力，拥有令人信服的愿景。但一个组织的未来取决于培养更多更好的领导者，而不取决于招募更多更好的追随者。

专注于招募追随者的领导者实际上是在缩小组织，而不是扩大组织。我在丹尼斯·怀特利（Denis Waitley）所著的《制胜新动力》（*The New Dynamics of Winning*）一书中读到的一个故事，将这种萎缩效应刻画得入木三分：

> 广告公司奥美（Ogilvy and Mather）的创始人大卫·奥格威（David Ogilvy）曾经给他公司的每位新经理一个俄罗斯套娃，它由五个逐渐变小的娃娃组成，最小的那个娃娃里面写着："如果我们每个人都雇用比自己弱小的人，奥美就会成为一个小矮人公司。但是，如果我们每个人都雇用比我们强大的人，奥美就会成为一家巨人公司。"我们要致力于寻找、雇用和培养巨人。

你应该见过这种俄罗斯套娃，俄罗斯到处都有卖。有些非常精致，有十几个逐渐变小的娃娃，一个套着一个。当领导者专注于招募追随者时，这些追随者也会招募其他追随者，组织的领导"规模"就会缩小。然而，当领导者专注于培养他人，使其达到最高能力时，组织的领导力规模和潜力也会扩大。

《领导力引擎》（*The Leadership Engine*）一书的作者诺埃尔·蒂奇（Noel Tichy）说："成功的公司之所以成功，是因为他们拥有优秀的领导者，能够在组织的各个层面培养其他领导者。"你要明白，一个领导者可以培养其他的领导者，而非领导者无法培养出领导者，机构也不能。领导者需要了解他、指引他和培养他。

> **成功的公司之所以成功，是因为他们拥有优秀的领导者，能够在组织的各个层面培养其他领导者。**
>
> **——诺埃尔·蒂奇**

4. 人们在工作中不断自我成长

在第 11 章中，我介绍了优秀的领导者是如何让自己摆脱工作的。要想成为领导者的复制者，其中一个关键的转变就是减少对个人成就的关注，而更多地关注通过他人所能取得的成就。

在复制型环境中工作的领导者会不断摆脱工作。每当他们承担一个新的角色或被安排到一个新的岗位时，一旦他们掌握了工作，他们就会开始培养接替自己的人。优秀的领导者也会培养自己的接班人。

演讲者菲利普·耐申（Philip Nation）描述了这一过程：

作为领导者，我们的工作就是让自己被替代。如果你不准备让别人取代你或超越你，那么你就不是真正的领导者。

保持领导地位的愿望往往来自“指挥和控制”的态度，这就是马基雅维利（Machiavelli）在《君主论》（*The Prince*）中描述的那种领导方式。这种领导方式把人们囊括进你的工作中，却从不让他们从事任何其他工作。

当领导者通过培养他人来取代自己的工作并使自己不断成长时，他们就会扩展自己的能力，并能够在组织中承担更重要的任务。这不仅能让他们更上一层楼，还能让其他人有更大的发展空间。

我喜欢美国国家橄榄球联盟（National Football League, NFL）的这种做法，成功的球队都有“复制文化”，这一点可以从球队在选秀和自由球员市场上寻找球员中看到，他们寻找的是有领导能力而不仅仅是有橄榄球天赋的运动员；这也可以从老球员指导和培养年轻球员的方式中看到，在优秀教练培养协调员和助理的方式中尤为明显，他们不仅要在现有岗位上取得成功，还要准备好晋升到下一个领导级别。纵观NFL中大多数伟大的主教练，你都可以追溯到培养他们的其他教练。领导力培养的链条往往可以上溯到许多代人，跨越几十载。

如何衡量人们在工作中的自我成长情况？请向每一位领导者提出以下问题：

- 在这个人的团队中，追随者多于领导者吗？

- 这位领导者是否年复一年地做着完全相同的工作？
- 这位领导者的工作时间是否很长？
- 这位领导者是否一个人在挑重担？

如果这些问题的答案都是肯定的，那么你的领导者并没有在工作中自我成长，他们也没有帮助组织培养未来的领导者。你需要与他们会面，帮助他们找出自己陷入困境的原因。

5. 领导者不仅是导师，更是赞助人

为了能在第 2 章中写下她的故事，我与雪莉·莱利交谈时，她解释了顾问、导师和赞助人之间的区别。顾问代表你说话，她是你的代言人；导师通过倾听你的心声来帮助和指导你；赞助人则是为你打开一扇门，让你走过这扇门，进而走向成功。从根本上说，赞助人会说"机会来了"，然后给新领导者一个机会，让他出现并抓住这个机会。

经济学家西尔维亚·安·休利特（Sylvia Ann Hewlett）是人才创新中心（Center for Talent Innovation）的创始人，她曾撰文论述了赞助人的价值：

谁为你加油鼓劲？谁在支持你？谁为你破釜沉舟？

这个人很可能不是导师，而是赞助人。

别误会我的意思，导师很重要，你绝对需要他们。他们会给你宝贵的建议，建立你的自尊，在你不确定下一步该怎么走时，提供一个不可或缺的意见。但他们并不是你“登顶的门票”。

如果你有兴趣让自己的职业生涯快速发展，获得下一个热门任务或赚更多的钱，你需要的是一个赞助人。赞助人会提供建议和指导，但他们也会在更重要的方面提供帮助。特别是：

相信你的价值和潜力，愿意为你的利益与他的声誉挂钩，并不惜一切代价。

在决策桌前有发言权，愿意成为你的拥护者，说服他人你值得加薪或晋升。

愿意为你提供支援，以便你能够承担风险。如果没有高层领导的支持，就没有人能够在这个世界上取得伟大成就。

赞助人在帮助领导者取得成功的过程中扮演着积极的角色。汤姆·菲利普是我三十出头时的赞助人，他看到了我的潜力，为我打开了通往成功的大门。当我需要引荐时，他给我引荐；当我失败时，他帮助我重新站起来；当别人批评我时，他为我辩护；当我成功时，他为我欢呼；当我做蠢事时，他保护我；当我需要走向成熟时，他耐心地陪着我。他走在我前面，帮助我开拓道路；他走在我身边，鼓励我的每一步；他走在我身后，为我服务。他经常在我身边帮助我，总是用心支持我。

即使在我开始变得更加成功之后，他仍继续为我摇旗呐喊，赞助了我四十年。因为他，我走得更远、爬得更高。汤姆为我的人生注入了潜能，不惜让自己冒险来支持我，我会永远感激他。他于 2018 年去世，享年八十九岁。我至今仍怀念他。

当你努力成为一位可复制的领导者时，请成为一名赞助人。让一个人胜任一项工作是很好的，但不要仅仅满足于此；培养一个人成为领导者是很好的，但不要只停留在培养他的层面；指导他人成为更高层次的领导者是非常好的，但不要只停留在指导他们的层面；要成为赞助人，为他们打开大门，为他们发声，为帮助他们发挥出最大的潜力而不遗余力，为他们的成功铺平道路。如果他们超越了你，那么你就要成为他们最大的支持者。

培养领导者的巨大回报

凯文·迈尔斯（Kevin Myers）是 12 岩石教会（12Stone Church）的领袖，他成功的故事证明了培养领导者的复利回报，这是我最喜欢的故事之一。1997 年我搬到亚特兰大后，就开始一对一地指导凯文。凯文和他的妻子玛西娅（Marcia）大学毕业后不久，我就认识了他们。当我选择指导他时，他已经是一位出色的沟通者和优秀的领导者。他的组织正在成长，他渴望学习。凯文说："当你和同级别的人混在一起时，你就会自我感觉很好，认为自己的答案比问题多。但当你和比你水平高的人在一起时，你就会发现差距很大，问题比答案多。”

说到领导力的培养，凯文就像一条河流，而不是一个水库。无论我向他灌输了什么，他都会不断地向其他人灌输。他不是为了自己的利益而接受，而是助益他人，把自己最好的奉献给他人。他使12岩石教会获得了巨大的发展，参加人数从800人增加到10 000多人。但他的大部分精力都放在培养领导者上，首先是他的员工，然后是他创建的住院医师培训计划，该计划仿照医生从医学院毕业后接受的培训模式。

因此，12岩石教会在他们的培训计划中培养了300名领导者，并在其他采用他们计划的教会中又培养了300名领导者。此外，凯文和他的执行团队成员，比如我的朋友、麦克斯韦尔领导力中心的领导力拓展执行主任丹·雷兰德（Dan Reiland），也在不断地投资于其他数百位领导者，并定期对他们进行辅导。

我在凯文身上倾注的所有心血都得到了回报。从他的生活方式和领导方式来看，他对其他领导者倾注的心血也在不断累积。这是我作为领导者所经历的最有价值的事情之一。当我开始培养领导者时，我并不知道这会给我带来如此惊人的回报，我也并不是为此才这样做的。我培养领导者是为了他们能给他人带来什么，这仍然是我指导他人的动机。

最棒的是，你也可以有类似的经历。通过培养能够复制其他领导者的领导者，你可以创建一个领导力密集型组织，为当前和未来的领导者提供优秀的后备力量。你可以创建一个永不枯竭的领导力之渠，这里永远不会缺少领导者，并且可以为他们创造新的、更大的机会。

在培养领导者的漫长旅程中，教会领导者指导其他领导者是最后一步，但这一旅程不应就此结束。我为什么这么说呢？因为在一个积极、健康、成功、向上的组织中，培养领导者的过程永远不会停止。最好的领导者会继续投资于员工，就像他们的未来取决于此一样——因为确实如此。

好消息是，你可以投资他人、培养领导者，可以体验到这一过程带来的个人和职业回报。这会有挑战吗？会的。需要很长时间才能实现吗？确实。你会犯错误吗？毫无疑问，会的。但值得吗？绝对值得！无论付出多少代价，你所获得的回报都会让你觉得物超所值。培养领导者是最具组织价值的行动。

因此，当其他组织还在思考下一步该怎么走时，你的领导者已经开始征服新的领域了。当其他组织还在争先恐后地找人支持他们的下一个计划时，你已经可以从你的人才库中挑选领导者了。当培养领导者成为组织中每个人的生活方式时，你就会取得成功。而且，你将使自己和组织获得培养领导者所带来的最高回报——复利。随着时间的推移，复利会不断增加，而且回报也会随时间增长。

如果你想拥有更好的团队、更好的组织，以及更好的个人和职业发展，请致力于培养领导者。这将是你做过的最有影响力和最有价值的事情之一。

行动步骤

1. 确保在你的团队或组织中倡导这样一种价值观：培养更多的领导者，而不是聚集更多的追随者。以身作则，与人沟通，并期望你所领导的每个人都能做到这一点。

---

2. 与所有领导者交谈，询问他们正在培养哪些人。了解他们的名字，询问这些人在这个过程中的位置，并询问领导者在培养或指导这些人方面做了哪些具体工作。如果你发现同一个人正在接受多位领导的指导，请其中一些领导接受新的被指导者。挑战那些没有积极培养或指导他人的领导者，让他们立即选择一个人并启动这一过程。

---

3. 你的团队中有谁的工作内容已经超出了工作要求？如果答案是“没有”，说明你还没有成功营造出领导力复制型环境。激励领导者自我复制，当他们做到这一点时，奖励他们，提升他们的职位，让他们承担新的责任。

---

4. 在你的组织中提倡赞助制度。以你正在培养和指导的领导者为榜样，向领导者宣传其价值。奖励赞助新领导的人，有奖励才有成就。

译后记

如何成为好的领导者

好的领导者长什么样？领导者该如何培养新的领导者？这是麦克斯韦尔在书中的核心内容。

麦克斯韦尔是领导力方面的权威大师，他不仅有丰富的实践经验，而且笔耕不辍，出版了诸多作品。这本书金句迭出，成为我与作者神交的桥梁。书中反复强调：培养领导者是组织发展和个人成长的基石。我时常被书中闪烁的智慧所触动，也不断加深了对领导力的理解。

我试图根据本书总结出成为一名好的领导者的三大要素：

1. 好的领导者也是一个好的人

这本书不仅仅是关于领导者的行动指南，更是关于人生的指南。在当今这个快速变化的时代，一个好的领导者不仅需要具备扎实的专业知识和管理技能，更需要有深厚的人文素养。

领导力本质上是一种影响力。作者在书中强调一种积极向上的价值观，如正直、真实、谦逊。好的领导者需要有个人魅力，并具备诸多优秀的品质——心态开放，愿意赋能和成就他人，“为他人播种，而不是专注于自己的收获”；以身作则，“管理好自己的生活才能很好地领导他人”。这样最终才能实现个人和组织的共同成长，犹如“一支蜡烛点燃另一支蜡烛会得到更多的光”。

2. 领导者需要培养全方位的能力

书中将领导力视为一项可以通过学习和实践不断提升的技能，而非与生俱来的天赋。成为领导者是艺术，也是技术。

整本书概述了培养领导者的11个循序渐进的步骤：了解团队成员、提高团队成员的工作能力、识别潜在的领导者、邀请有潜力的人担任领导职位、明确培养领导者的目标、赋能新领导者、调动领导者的内在动机、挑战领导者团队作战、选择进一步培养的对象、一对一指导最佳领导者、教导领导者培养其他领导者。从识别、赋能、指导到复制，这对领导者提出了更加系统的、全方位的要求。

3. 领导力需要不断实践

对大部分领导者而言，培养新的领导者并不是一蹴而就的，它需要领导者持之以恒地坚持与实践。“现代管理之父”德鲁克大师总结：管理是一种实践，其本质不在于知，而在于行。在这本书上，我也读到了相同的深意：领导力是“学”出来的，而不是“教”出来的；任何人学习领导力的唯一途径就是去领导。领导不是理论练习。麦克斯韦尔身体力行，他从1973年就开始投入个人成长和领导力发展中，培养了很多优秀的领导者。他在书中分享了与他们对话、相处的细节，这些内容更加直观、具体，从而增加了领导实践的说服力。

除了在领导力领域的洞见，麦克斯韦尔本人很喜欢文字，他在书中呈现的有趣的表达也值得细细品读，我们来感受一下：

用财富让自己成为一条河流而不是一个水库。

如果你想做一些有价值的事情，就必须放弃培养领导者的“微波炉思维”。这个过程不可能一蹴而就，它很慢，就像砂锅慢炖。任何有价值的事情都需要时间。

他善于总结模型，如3G领导力、5C、GROWTH；他从自然界、体育界、艺术界中提炼了管理智慧……这些都需要您在阅读中发现。

我还特别想探讨的一个话题是：人工智能如何影响翻译？我喜欢尝试新事物，于是借翻译探索了不同的AI工具。在这半年的时间里，我深感各类AI大模型迭代之快，它们是很好的翻译助手，可以给译者以参考，但我也意识到AI尚不能完全代替人类。翻译是一门精细的手艺活，翻译的过程是译者自我反思和被赋能的过程。一本书文字的准确度、字里行间的情感运用之妙唯有真实的译者能驾驭。我们依然要对翻译和人类本身保持信心。

此书能顺利出版，我要感谢北京大学国家发展研究院的杨壮教授，他对领导力的重视以及他翻译的麦克斯韦尔的书给我开启了一扇大门。感谢这本书的另外一位译者尹雪雪，她是我多年的挚友，其加入大大提升了翻译的速度和质量。还要感谢颉腾文化的信任，给予我们这次翻译的机会。鉴于水平有限，本书若有翻译疏漏，恳请读者朋友批评指正，若愿意一起探讨领导力话题，亦可发邮件至 klcaoyuxin@126.com。我们由衷地期待这本书带给您以启示和收获！

曹雨欣
2024 年端午假期
学院路

领导力书系

人人都是领导者，人人都需要领导力

在乌卡（VUCA）时代，领导力是应对不确定性和复杂挑战的关键。领导力书系汇集了全球 20 余位领导力大师的深刻洞见与智慧精华，为读者提供了领导力成长的阶梯，帮助读者在快速变化的环境中找到方向，培养出卓越的领导才能，引领个人、团队和组织走向成功。

领导力理论与实践方向

哈佛大学商学院终身教授、“变革领导力之父”经典之作，为我们揭示了领导力并非天生，而是一种可以通过学习和实践不断提升的能力

ISBN：978-7-5209-0294-6
定价：59.00 元

哈佛商学院终身教授、“变革领导力之父”约翰·科特最新力作。本书堪称变革逻辑的颠覆性创新之作，组织变革和领导力提升的教科书级指导书

ISBN：978-7-5043-8993-0
定价：79.00 元

以科特教授广受认可的变革八步模型为基础，为企业提供了一套清晰的变革路线图和实用工具集

ISBN：978-7-5722-8730-5
定价：89.00 元

享誉世界的领导力大师麦克斯韦尔最新力作。对于在危急时刻如何带领团队走出困境，给出了全面、客观、实用的解答和指导

ISBN：978-7-5043-9076-9
定价：59.00 元

领导力书系

人人都是领导者，人人都需要领导力

科技与领导力的完美融合才能帮助企业完成数字化的全面转型

ISBN：978-7-5043-9156-8
定价：59.00 元

世界知名咨询公司光辉国际 CEO 重磅作品，锁定感激、坚韧、渴望、勇气、共情 5 大领导力品格，塑造真正优秀的领导者

ISBN：978-7-5043-9063-9
定价：69.00 元

世界知名咨询公司光辉国际 CEO 重磅作品。聚焦把危机视为新常态的心智模式和思考技术，助力企业打造超高逆商，在穿越迷雾后走向成功

ISBN：978-7-5043-9008-0
定价：65.00 元

拥有磨炼自己、建立信任、携领他人、指引、多样性、创新、包容和话语权的品质才能成为强大、有影响力的领导者

ISBN：978-7-5043-9151-3
定价：79.00 元

本书为我们打开了“青色组织”与“自主管理”的大千世界，各种新型管理做法闪亮登场，带我们领略这些充满生机与活力的组织新型管理实践

ISBN：978-7-5043-8984-8
定价：89.00 元